UTB

W0217743

Eine Arbeitsgemeinschaft der Verlage

Böhlau Verlag · Wien · Köln · Weimar
Verlag Barbara Budrich · Opladen · Farmington Hills
facultas.wuv · Wien
Wilhelm Fink · München
A. Francke Verlag · Tübingen und Basel
Haupt Verlag · Bern · Stuttgart · Wien
Julius Klinkhardt Verlagsbuchhandlung · Bad Heilbrunn
Mohr Siebeck · Tübingen
Nomos Verlagsgesellschaft · Baden-Baden
Orell Füssli Verlag · Zürich
Ernst Reinhardt Verlag · München · Basel
Ferdinand Schöningh · Paderborn · München · Wien · Zürich
Eugen Ulmer Verlag · Stuttgart
UVK Verlagsgesellschaft · Konstanz, mit UVK/Lucius · München
Vandenhoeck & Ruprecht · Göttingen
vdf Hochschulverlag AG an der ETH Zürich

Uni Tipps

herausgegeben von Helga Esselborn-Krumbiegel

In der Reihe sind bisher erschienen:

H. Esselborn-Krumbiegel:	*Richtig wissenschaftlich schreiben*
M. Herrmann u.a.:	*Schlüsselkompetenz Argumentation*
A. Limburg/S. Otten:	*Schreiben in den Wirtschaftswissenschaften*
C. Mix:	*Schreiben im Jurastudium*
E. Püschel:	*Selbstmanagement und Zeitplanung*
K. Schindler:	*Klausur, Protokoll, Essay*

Anika Limburg / Sebastian Otten

Schreiben in den Wirtschaftswissenschaften

Ferdinand Schöningh

Die Autoren:

Anika Limburg arbeitet seit 2005 als Dozentin und Beraterin am Schreibzentrum der Ruhr-Universität Bochum. Von 2009 bis 2011 leitete sie zudem die Schreibberatung der dortigen Fakultät für Wirtschaftswissenschaften.

Sebastian Otten ist seit 2007 wissenschaftlicher Mitarbeiter am Lehrstuhl für Empirische Wirtschaftsforschung an der Ruhr-Universität Bochum. Zudem ist er als Wissenschaftler im Kompetenzbereich „Arbeitsmärkte, Bildung, Bevölkerung" des Rheinisch-Westfälischen Instituts für Wirtschaftsforschung (RWI) tätig.

Online-Angebote oder elektronische Ausgaben sind erhältlich unter **www.utb-shop.de**

Bibliografische Information der Deutschen Nationalbibliothek

Die Deutsche Nationalbibliothek verzeichnet diese Publikation in der Deutschen Nationalbibliografie; detaillierte bibliografische Daten sind im Internet über http://dnb.d-nb.de abrufbar.

(Verlag Ferdinand Schöningh GmbH & Co. KG, Jühenplatz 1, D-33098 Paderborn)

Internet: www.schoeningh.de

Printed in Germany.
Herstellung: Ferdinand Schöningh, Paderborn
Einbandgestaltung: Atelier Reichert, Stuttgart

UTB-Band-Nr: 3540
ISBN 978-3-8252-3540-6

Inhalt

1 Einleitung

In diesem Ratgeberbuch stellen wir Ihnen die Anforderungen vor, die an wissenschaftliche Arbeiten gestellt werden, und vermitteln Ihnen einen Weg, mit dem Sie diesen Anforderungen gerecht werden.

Was von Ihnen im Rahmen einer wissenschaftlichen Arbeit verlangt wird, ist abhängig von allgemeingültigen wissenschaftlichen Konventionen, speziellen Konventionen des Fachs bzw. des Fachbereichs, den entsprechenden Studien- und/oder Prüfungsordnungen und insbesondere den Vorgaben des Prüfers. Daher bestehen beim wissenschaftlichen Arbeiten einige grundlegende Prinzipien, die Sie immer beachten müssen, aber auch Anforderungen, die je nach Universität, Lehrstuhl und Prüfer variieren. Diesen Unterschied zwischen strikten Vorgaben und Möglichkeiten haben wir sprachlich stets verdeutlicht, beispielsweise mit den Verben „sollen" und „können". Da es jedoch auch vorkommen kann, dass ein Prüfer von den allgemeinen Konventionen abweichende Ansprüche stellt, sollten Sie sich grundsätzlich informieren, was Ihr Prüfer verlangt, und sich danach richten.

Die Vorgehensweise, die wir Ihnen im Folgenden vermitteln, ist besonders gut umsetzbar, weil sie kleinschrittig und konkret ist. Wir orientieren uns dabei an der Reihenfolge der zentralen Arbeitsschritte: von der Bekanntgabe des Themas über die Abgabe der Arbeit bis hin zur Präsentation der Ergebnisse in einem Kolloquium. Dabei werden die Stellen im Arbeitsprozess besonders detailliert erläutert, mit denen Wirtschafts-Studierende erfahrungsgemäß Schwierigkeiten haben. Da es auch andere erfolgreiche Vorgehensweisen als die hier dargestellte geben kann, gilt auch beim wissenschaftlichen Schreiben das Prinzip „Never change a running system!" In diesem Fall können Sie das vorliegende Buch als Nachschlagewerk oder Orientierungshilfe nutzen. Falls Sie jedoch bislang keine erfolgreiche Vorgehensweise entwickelt haben, lernen Sie hier, wie Sie den Weg zur fertigen wissenschaftlichen Arbeit Schritt für Schritt gehen können – auf eine Weise, die sich in vielen unterschiedlichen Vermittlungssituationen bewährt hat und mit der Sie eine anspruchsvolle Arbeit abgeben können, für die Sie eine gute Note erhalten.

Dieses Buch ist besonders geeignet für Studierende, die nicht erst kurz vor Ende der Bearbeitungszeit mit dem Schreiben beginnen (möchten) und die auf eine sehr gute Note hinarbeiten. Falls Sie zu dieser Zielgruppe gehören, empfehlen wir Ihnen, das Buch systematisch von Anfang bis

Ende zu lesen und die dargestellte Vorgehensweise Schritt für Schritt anzuwenden. Falls Sie jedoch zu der Gruppe Studierender gehören, die in wenigen Tagen ihre Arbeit abgeben müssen und diesen Ratgeber benötigen, um konkrete Probleme zu bearbeiten oder Fragen zu klären, erhalten Sie zu Beginn jedes Hauptkapitels Hinweise, welche Abschnitte für Sie relevant sein könnten.

Dieser Ratgeber hat zum Ziel, seine Leser schnell und übersichtlich zu informieren. Dafür haben wir zahlreiche Beispiele, Hinweise und Tipps aufgenommen, die sich bei der Beratung und Betreuung wissenschaftlicher Arbeiten als hilfreich erwiesen haben. Beinahe alle Beispiele stammen aus Arbeiten von Studierenden, die uns freundlicherweise für die Veröffentlichung in diesem Ratgeber zur Verfügung gestellt wurden – herzlichen Dank dafür!

Wir wünschen Ihnen viel Erfolg mit Ihrer Arbeit!

2 Wissenswertes vor Beginn der Arbeit

Sie können die Bearbeitungszeit besonders effizient nutzen, wenn Sie sich bereits vorher damit auseinandersetzen, welchen inhaltlichen (Kap. 2.1) und formalen (Kap. 2.2) Anforderungen Sie mit Ihrer wissenschaftlichen Arbeit gerecht werden müssen und welche Vorgehensweise für Sie sinnvoll ist (Kap. 2.3). Wenn Sie zudem einen individuell angemessenen Zeit- und Arbeitsplan entwerfen (Kap. 2.4), können Sie zielgerichtet arbeiten, sobald Sie Ihr Thema erhalten. Am Schluss dieses Kapitels gewinnen Sie anhand einer Checkliste einen Überblick über alles, was Sie bereits vor dem eigentlichen Beginn der wissenschaftlichen Arbeit in den Blick nehmen können.

Lektüreempfehlung

Wenn Sie nur wenig Erfahrung mit wissenschaftlichen Arbeiten und ausreichend Zeit bis zur Abgabe der Arbeit haben, empfehlen wir Ihnen, sämtliche Unterkapitel sorgfältig zu lesen.
Wenn Sie bereits Erfahrung mit wissenschaftlichen Arbeiten haben, prüfen Sie anhand der Checkliste in Unterkapitel 2.5, ob Sie alle relevanten Aspekte berücksichtigen.
Wenn Sie nur noch wenig Zeit zur Verfügung haben, nutzen Sie Unterkapitel 2.2 für Anregungen zur Gestaltung der Teile Ihrer Arbeit.

2.1 Die Anforderungen an wirtschaftswissenschaftliche Arbeiten

Die Aufgabe eines Wissenschaftlers ist es, in Anknüpfung an bestehendes Wissen neue Erkenntnisse zu gewinnen. Als Studierende werden Sie jedoch erst zu Wissenschaftlern ausgebildet – zumindest, wenn Sie nach dem Bachelorabschluss weiterstudieren. Das bedeutet: Bei Studien- und Examensarbeiten wird meist nicht von Ihnen erwartet, wissenschaftlich relevante neue Erkenntnisse zu liefern! Wie in anderen Berufsausbildungen auch steht stattdessen im Vordergrund, dass Sie sich durch die Anfertigung Ihrer schriftlichen Arbeiten die Werkzeuge Ihres Faches aneignen und mit den fertigen Arbeiten nachweisen, dass Sie sie beherrschen.

Dabei müssen Sie die wissenschaftlichen Konventionen Ihres Fachs berücksichtigen. Seriöses wissenschaftliches Arbeiten – in einer Hausarbeit, Examensarbeit oder Doktorarbeit – setzt in den Wirtschaftswissenschaften voraus, dass Sie auf Fachliteratur zurückgreifen. Damit verbunden ist die Herausforderung zu beurteilen, welches Wissen für Ihre Argumentation sinnvoll ist und welche Informationen aus der Literatur methodisch zulässig gewonnen wurden sowie sachlich korrekt sind. Wenn Sie diese Entscheidungen gefällt haben, gilt es, den entsprechenden Quellen in Ihrem Text gerecht zu werden: Sie dürfen keine zentralen Informationen auslassen, nichts hinzudichten und Sie müssen an jeder Stelle Ihres Textes den Ursprung der Gedanken kenntlich machen; dies wird als das Gebot der wissenschaftlichen Redlichkeit bezeichnet. Gleichzeitig müssen Sie sich jedoch von der Struktur und den Formulierungen der Originalquelle lösen, indem Sie die fremden Gedanken für **Ihre eigene Argumentation** aufbereiten und nutzen. Der so entstehende Text muss schlüssig aufgebaut sein, präzise und unmissverständlich formuliert, folgerichtig und ohne Widersprüche.

Losgelöst von diesen unumgänglichen Anforderungen an Ihre Arbeitsweise und Ihren Text unterscheidet sich von Prüfer zu Prüfer, welches Können Sie mit einer Arbeit nachweisen sollen, wie anspruchsvoll und komplex das zu bearbeitende Thema ist, welche und wie viele Quellen Sie nutzen sollen und welche sprachlich-stilistischen Idealvorstellungen vorherrschen. Daraus ergibt sich für Sie, dass Sie die Vorstellungen Ihres Prüfers kennen sollten, wenn Sie auf eine gute Note hinarbeiten. Eine allgemeine Tendenz lässt sich hinsichtlich der genannten Aspekte jedoch erkennen: Im Laufe Ihres Studiums

- werden Ihre Arbeiten länger,
- wächst die Zahl an Quellen, die Sie nutzen,
- wird der Anteil reiner Darstellung zugunsten zunehmender Argumentation geringer,
- werden die Fragestellungen, die Sie bearbeiten, wissenschaftlich relevanter,
- gewinnt Ihre eigene Position, die Sie im kritischen Umgang mit den Quellen gewonnen haben, an Bedeutung.

Kurz gesagt: Zum wissenschaftlichen Schreiben gehört in der Regel, einen wissenschaftlich relevanten Gegenstand darzustellen, die dafür erforderliche Literatur (oder einen Ausschnitt daraus) zu beschreiben und auf die Verwendbarkeit für die Bearbeitung des Gegenstands hin zu prüfen sowie den Gegenstand mit Methoden des Fachs zu analysieren, zu interpretieren oder zu bewerten. Bei vielen wirtschaftswissenschaftlichen Arbeiten bedeutet das konkret, dass ein Modell oder eine Theorie auf einen primär wirtschaftswissenschaftlich relevanten Gegenstand angewendet wird oder dass eine wirtschaftswissenschaftliche Theorie bzw. ein wirtschaftswissenschaftliches Modell auf einen primär gesellschaftlich relevanten Gegenstand angewendet wird.

2.2 Die Teile einer wirtschaftswissenschaftlichen Arbeit

Der Aufbau einer wirtschaftswissenschaftlichen Arbeit ist stark normiert. In aller Regel gilt diese Reihenfolge:

Die Teile einer wirtschaftswissenschaftlichen Arbeit

- Deckblatt
- Inhaltsverzeichnis
- Tabellen-, Abbildungs-, Abkürzungs- und Symbolverzeichnis
- Textteil mit Einleitung, Hauptteil und Schluss
- Literaturverzeichnis
- Anhang
- Versicherung

Deckblatt und Inhaltsverzeichnis sind obligatorische Bestandteile einer wissenschaftlichen Arbeit:

Für das **Deckblatt** von Bachelor- und Masterarbeiten finden Sie meist Vorlagen auf der Homepage Ihres Prüfungsamts oder in Leitfäden zur Anfertigung wissenschaftlicher Arbeiten, die der jeweilige Lehrstuhl zur Verfügung stellt.

Wichtig ist, dass Sie Informationen über die Arbeit (Titel und Art der Arbeit), über den Kontext, in dem die Arbeit entsteht (evtl. Abgabedatum oder Semester und Seminartitel samt Dozent, Lehrstuhl und ähnlichen Angaben), und über sich (in jedem Fall den Namen, meist Matrikelnummer, oft Adresse, Telefonnummer, E-Mail-Adresse, Fachsemester) bereitstellen.

Das Deckblatt wird nicht nummeriert und gilt auch nicht als Seite der Arbeit. Es kann zum Beispiel so aussehen:

Ruhr-Universität Bochum
Fakultät für Wirtschaftswissenschaft

Auswirkungen relationaler Identifikation auf die Zahlungsbereitschaft von Kunden

Master-Thesis

Eingereicht bei:
Herrn Prof. Dr. Mustermann
am 16. Juli 2011

Von cand. rer. oec.
Maria Musterfrau
Matrikelnr.: 123 123 45

Abb. 1: Deckblatt einer Masterarbeit

Seminararbeit im Fach Finanzierung
Studiengang Betriebswirtschaftslehre
Fachbereich Wirtschaftswissenschaften
der Fachhochschule Merseburg

Seminararbeit
über das Thema

Bilanzskandale in den USA und Europa: Unterschiede und Gemeinsamkeiten

Von stud. rer. oec.:
Max Mustermann
Matr.-Nummer:
108 008 222
Abgabedatum
10. Juli 2011

Eingereicht bei:
Herrn Prof.
Dr. Heribert Müller

Betreut von:
Dipl.-Ök. Tanja Schulte

Abb. 2: Deckblatt einer Seminararbeit

Das **Inhaltsverzeichnis** informiert den Leser über die Kapitelstruktur der Arbeit. Es kann entweder linksbündig formatiert oder entsprechend der unterschiedlichen Gliederungsebenen unterschiedlich weit eingerückt werden (vgl. Kap. 3.3). Für jedes Kapitel wird im Inhaltsverzeichnis angegeben, auf welcher Seite es beginnt. Diese Seitenzahlen stehen meist rechtsbündig. Wichtig ist, dass es einheitlich und korrekt formatiert ist.

Die Seiten des Inhaltsverzeichnisses (und der folgenden Verzeichnisse) werden dem Textteil nicht zugerechnet, d. h. sie werden entweder nicht mit Seitenzahlen versehen oder es werden römische Seitenzahlen verwendet. Das Inhaltsverzeichnis kann zum Beispiel so aussehen:

Inhaltsverzeichnis

Abb. 3: Beispiel für ein Inhaltsverzeichnis

Tabellen-, Abbildungs-, Abkürzungs- und Symbolverzeichnisse sind nötig, wenn in der Arbeit mindestens eine Tabelle, Abbildung, spezifische Abkürzung bzw. ein Symbol verwendet wird. Wie die Gliederung gelten auch diese Verzeichnisse nicht als Textseiten und werden meist mit römischen Seitenzahlen nummeriert.

Das Tabellenverzeichnis und das Abbildungsverzeichnis führen jeweils jede Tabelle bzw. Abbildung auf, die in der Arbeit verwendet wird. Sie informieren den Leser darüber, auf welcher Seite der Arbeit er die entsprechende Tabelle oder Abbildung findet. Dafür werden die Titel und durchlaufenden Nummerierungen exakt übernommen, mit denen die Tabellen und Abbildungen in der Arbeit versehen wurden. Die entsprechenden Seitenzahlen sollten wiederum rechtsbündig stehen.

In das Abkürzungsverzeichnis werden – je nach Anforderung des Prüfers – entweder alle verwendeten Abkürzungen aufgenommen oder nur die, die nicht allgemein bekannt sind. Als allgemein bekannt gilt eine Abkürzung, wenn sie im Duden steht. Alle dort nicht verzeichneten Abkürzungen, die in der Arbeit verwendet werden, müssen aufgenommen werden (auch Abkürzungen, die Sie nur in Fußnoten verwenden), auch wenn sie im Hauptteil der Arbeit erläutert oder bei Erstnennung ausgeschrieben werden.

In das Symbolverzeichnis werden entweder alle Symbole aufgenommen oder nur diejenigen, die nicht allgemein bekannt sind, also beispielsweise nicht Symbole wie „t“, „m^2“ etc. Das Symbolverzeichnis wird in zwei oder drei Spalten formatiert: In der ersten werden die entsprechenden Symbole vermerkt, in der zweiten die zugehörige Bezeichnung und in der dritten ggf. die Dimension, auf die sich das Symbol bezieht.

Die Verzeichnisse können zum Beispiel so aussehen:

Tabellenverzeichnis

Tabelle 1: Unternehmensgröße-Analyse von Absolventenmessen....... 37
Tabelle 2: Unternehmensgröße-Analyse von Praktika................ 38
Tabelle 3: Unternehmensgröße-Analyse von........................ 39
Tabelle 4: Unternehmensgröße-Analyse von Abschlussarbeiten........ 40
Tabelle 5: Unternehmensgröße-Analyse von Schenkungen............ 41
Tabelle 6: Analyseergebnisse für KMU............................ 42
Tabelle 7: Analyseergebnisse für Großunternehmen................. 43
Tabelle 8: Fachbereich-Analyse von Stipendien...................... 46
Tabelle 9: Fachbereich-Analyse von Fachvorträgen................... 47
Tabelle 10: Fachbereich-Analyse von Abschlussarbeiten.............. 48
Tabelle 11: Fachbereich-Analyse von Schenkungen................... 49
Tabelle 12: Analyseergebnisse Fachbereich Informatik................ 50
Tabelle 13: Analyseergebnisse Fachbereich Design.................... 51

Abb. 4: Beispiel für ein Tabellenverzeichnis

Abkürzungsverzeichnis

AD	richtig ausgebildet
BD	Berufs-Dummy-Variable
BLUE	Best Linear Unbaised Estimator
BPHS	aus bivariater Probit-Schätzung generierter Korrekturterm
EHCP	European Community Household Panel
FE	Fixed-Effects
FGLS	Feasible Generalized Least Squares
GSOEP	Deutsches Sozio-oekonomisches Panel
i.i.d.	unabhängig, identisch verteilt
IUS	Kontrolle für unbeobachtbare Fähigkeiten
IV	Instrumentenvariable(nschätzung)
NGS	National Graduates Survey
NO	nicht überqualifiziert
O	überqualifiziert
OECD	Organisation für wirtschaftliche Zusammenarbeit und Entwicklung
OLS	Ordinary Least Squares
PHS	aus Probit-Schätzung generierter Korrekturterm
PSID	Panel Study of Income Dynamics
Q	Quantil
R	benötigte Ausbildung
RE	Random-Effects
SM	Kontrolle für skill mismatches
U	unterqualifiziert

Abb. 5: Beispiel für ein Abkürzungsverzeichnis

Der **Textteil** bildet für gewöhnlich den längsten Teil der Arbeit – hier bearbeiten Sie Ihre Fragestellung. Er besteht aus Einleitung, Hauptteil und Schluss und ist in mehrere Kapitel untergliedert. Die Zählung des Textteils beginnt in der Regel mit der arabischen Eins auf der ersten Seite des Einleitungskapitels. Je nach Vorgabe beginnt ein neues Hauptkapitel entweder immer auf einer neuen Seite oder nur dann, wenn der vorangehende Text bereits zwei Drittel der Seite füllt. Eine Seite des Textteils kann zum Beispiel so aussehen:

Während die US-GAAP also stärker auf Regeln beruhen und damit lediglich konkrete Verstöße abdecken, bieten die auf Prinzipien basierenden IFRS aufgrund des hohen Abstraktionsgrads die Möglichkeit, auch für ähnlich gelagerte Fälle Regeln abzuleiten.[11] Auf dem Gebiet der Rechnungslegung kam es im Zuge des Harmonisierungsprozesses durch die Einführung des IFRS zu weiterreichenden Änderungen. Seit 2005 haben kapitalmarktorientierte Mutterunternehmen den Konzernschluss verpflichtend nach IFRS zu erstellen.[12]

3. Forschungsüberblick

Die Literatur sieht Unterschiede zwischen den Skandalfällen in den Charakterisika der jeweiligen Aktionärsstruktur begründet. Während in konzentrierten Besitzverhältnissen der Hauptaktionär mit den Minderheitsaktionären in Konflikt steht, verfolgen in gestreuten Besitzverhältnissen Manager und Kleinaktionäre unterschiedliche Interessen.[13] Coffee sieht in diesen Prinzipal-Agenten-Konflikten die Ursache für die Anfälligkeit gegenüber verschiedenen Arten von finanziellem Fehlverhalten, die im Ergebnis zu unterschiedlichen Bilanzskandalen führen. Dem Streubesitz unterstellt er hierbei eine Empfindlichkeit für *Earnings Management*[14], wohingegen eine Konzentration der Besitzverhältnisse eher empfindlich gegenüber der Ausnutzung von *Private Benefits of Control*[15] durch den Hauptaktionär sei.[16]

Laut Coffee gingen die amerikanischen Bilanzskandale der Jahre 2001/2002 mit einer Vielzahl von Unregelmäßigkeiten in der Rechnungslegung einher, während in Europa die nachträgliche Anpassung von Geschäftsberichten eher die Ausnahme sei.[17] Enriques und Volpin sehen in den Verstößen ein charakteristisches Merkmal für Bilanzskandale von im Streubesitz gehaltenen Unternehmen.[18] Anhand der immensen Zunahme von Irregularitäten, die trotz der mit Anpassungen verbundenen sensiblen Marktreaktionen auftraten, sei ein verändertes Managementverhalten in den USA erkennbar. Statt der

11 Vgl. Albrecht et al. (2008), S. 4-5.
12 Vgl. Lindahl und Schadéwitz (2009), S. 3., S. 27.
13 Vgl. Enriques und Volpin (2007), S. 117.
14 Gemeint ist die Beeinflussung der berichteten Gewinne durch das Management. Dies kann ethisch und gesetzeskonform erfolgen, andererseits aber auch durch Manipulation. Vgl. Ball (2009), S. 280.
13 Vorteile aus einer Beteiligung, die lediglich dem Mehrheitsaktionär vorbehalten sind. Beispielhaft seien Insider-Geschäfte oder Eigenhandel genannt. Vgl. Dyck und Zingales (2004), S. 541.
16 Vgl. Coffee (2005), S. 199. Zustimmung erhält er von Enriques und Volpin (2007), S. 123-125.
17 Vgl. Coffee (2005), S. 198-199.
18 Vgl. Enriques und Volpin (2007), S. 125.

Abb. 6: Beispiel für eine Seite des Textteils

Im **Literaturverzeichnis** erhält der Leser die vollständigen Literaturangaben aller in der Arbeit zitierten Quellen. Literatur, die Sie ausschließlich zur Vorbereitung verwendet haben, die Sie also weder direkt noch indirekt zitieren und auf die Sie nicht weiterführend verweisen, wird dort nicht angegeben. Weil Prüfer den Aufbau der einzelnen Angaben sehr unterschiedlich handhaben, sollten Sie sich über die jeweiligen Vorgaben informieren. Falls Sie keine Vorgaben erhalten, können Sie in Kapitel 7.3 nachschlagen, wie eine Literaturangabe aufgebaut werden kann.

Je nach Lehrstuhl, an dem Sie schreiben, muss das Literaturverzeichnis die römische Seitennummerierung der vorhergehenden Verzeichnisse weiterführen, neu römisch nummeriert werden oder die arabische Nummerierung des Hauptteils weiterführen. Wenn Sie diesbezüglich keine Vorgaben haben, empfehlen wir Ihnen die Weiterführung der arabischen Nummerierung, weil dies die geläufigste Lösung ist. Eine Seite aus dem Literaturverzeichnis kann zum Beispiel so aussehen:

Literaturverzeichnis

Addison, John T.; Teixeira, Paulino (2003): The Economics of Employment Protection. Journal of Labor Research, 24 (1), S. 85-129.

Alchian, Armen A.; Demsetz, Harold (1972): Production, Information Costs, and Economic Organization. American Economic Review, 62 (5), S. 777-795.

Allmendinger, Jutta; Eichhorst, Werner; Walwei, Ulrich (2005): IAB Handbuch Arbeitsmarkt: Analysen, Daten, Fakten. Frankfurt am Main: Campus Verlag.

Arbeitsgemeinschaft deutscher wirtschaftswissenschaftlicher Forschungsinstitute (2006): Frühjahrsgutachten 2006: Die Lage der Weltwirtschaft und der deutschen Wirtschaft im Frühjahr 2006. Berlin: Arbeitsgemeinschaft deutscher wirtschaftswissenschaftlicher Forschungsinstitute.

Bartling, Hartwig; Luzius, Franz (2004): Grundzüge der Volkswirtschaftslehre: Einführung in die Wirtschaftstheorie und Wirtschaftspolitik. München: Vahlen, 15. Aufl.

Bauer, Jobst-Hubertus (2002): Ein Vorschlag für ein modernes und soziales Kündigungsschutzrecht. Neue Zeitschrift für Arbeitsrecht, 19 (10), S. 529-533.

Bauer, Thomas K.; Bender, Stefan; Bonin, Holger (2004a): Dismissal Protection and Worker Flows in Small Establishments. Essen: Rheinisch-Westfälisches Institut für Wirtschaftsforschung, RWI Discussion Papers Nr. 14.

Bauer, Thomas K.; Bender, Stefan; Bonin, Holger (2004b): Arbeitsmarkt-Reformen: Betriebe reagieren kaum auf Änderungen beim Kündigungsschutz. Nürnberg: Bundesagentur für Arbeit, IAB-Kurzbericht Nr. 15/2004.

Bean, Charles R. (1994): European Unemployment: A Survey. Journal of Economic Literature, 32 (2), S. 573-619.

Behrens, Christian-Uwe (2004): Makroökonomie – Wirtschaftspolitik. München: Oldenbourg, 2. Aufl.

Beissinger, Thomas (2003): Strukturelle Arbeitslosigkeit in Europa: Eine Bestandsaufnahme. Mitteilungen aus der Arbeitsmarkt- und Berufsforschung, 36 (4), S. 411-427.

Abb. 7: Beispiel für eine Seite aus dem Literaturverzeichnis

In den **Anhang** werden Dokumente gestellt, auf die Sie in der Arbeit verweisen, die aber im Hauptteil zu viel Platz wegnähmen oder nicht wichtig genug dafür sind. D. h. der Anhang stellt ergänzende Informationen bereit, meist Tabellen oder Abbildungen, die in der Arbeit nur in geringen Auszügen genutzt wurden, Fragebögen, die in der Arbeit entwickelt oder angewendet wurden, und andere Materialien wie Transkripte, Briefe, Statistiken o. Ä., die dem Leser sonst unzugänglich wären. In seltenen Fällen werden auch Textteile in den Anhang gestellt, die nicht wichtig für die Argumentation im Hauptteil sind. Die Formatierung entspricht der des Textteils.

Die einzelnen Anhänge tragen Überschriften, werden durchnummeriert und mit Seitenzahlen versehen, die vom Literaturverzeichnis weitergeführt werden. Bei mehr als drei Anhängen wird ein **Anhangverzeichnis** eingefügt, das wie das Abbildungsverzeichnis und das Tabellenverzeichnis aufgebaut ist, also über die Nummer, den Titel und die Seitenzahl des Anhangs informiert. Sie können das Verzeichnis entweder direkt vor dem Textteil platzieren oder hinter das Literaturverzeichnis vor die Anhänge stellen.

Die **Versicherung** wird mittlerweile an nahezu allen Universitäten und Fachhochschulen verlangt. Sie bekräftigen darin, dass Sie wissenschaftlich redlich gearbeitet haben, also dass Sie alle fremden Gedanken oder Formulierungen mit einer Quellenangabe als fremd ausgewiesen haben und sich keine unzulässige Hilfe (zum Beispiel durch einen Ghostwriter) geholt haben. Die Versicherung steht auf einer eigenen Seite, die meist das letzte bedruckte Blatt der Arbeit und nicht nummeriert ist. Falls Sie keinen Wortlaut vorgegeben bekommen, können Sie sich an diesem Beispiel orientieren:

> Hiermit erkläre ich, dass ich die vorliegende Arbeit selbstständig und ohne Benutzung anderer als der angegebenen Hilfsmittel angefertigt habe. Alle Stellen, die wörtlich oder sinngemäß aus veröffentlichten und nicht veröffentlichten Schriften entnommen wurden, sind als solche kenntlich gemacht. Die Arbeit ist weder in gleicher oder ähnlicher Form noch auszugsweise im Rahmen einer anderen Prüfung vorgelegt worden.

Wenn Sie Ihre Arbeit binden lassen, wird gelegentlich gewünscht, als **letztes Blatt** eine leere Seite einzufügen.

Für alle Teile Ihrer Arbeit gilt: Sie müssen **ordentlich** aussehen. Auf keinen Fall darf das Papier verdreckt oder geknickt sein. Haus- oder Seminararbeiten sollen meist entweder bündig in einen Schnellhefter oder Klemmhefter geheftet werden oder als lose Blätter in einer Klarsichthülle abgegeben werden. Examensarbeiten (und gelegentlich auch andere Arbeiten mit über dreißig Seiten Länge) sollten gebunden abgegeben werden.

2.3 Die 13 Teilaufgaben bis zur fertigen Arbeit

Wenn Sie die Teilaufgaben kennen, die bis zur fertigen Arbeit bewältigt werden müssen, können Sie sie gezielt bearbeiten. Eine sinnvolle Reihenfolge für die Bearbeitung der Teilaufgaben bei einer Literaturarbeit könnte so aussehen:

1. **Vergegenwärtigen Sie sich die Anforderungen und stellen Sie sicher, dass Sie über das erforderliche Handwerkszeug verfügen.**
   Ziel dieses Arbeitsschrittes ist es, die Bearbeitungszeit von alldem zu entlasten, was im Vorfeld bereits erledigt werden kann: z. B. indem Sie Recherche- oder Wordkurse besuchen etc.
   In der Checkliste am Ende des Kapitels finden Sie eine Übersicht darüber, was Sie bereits vor der Bearbeitungszeit für Ihre Arbeit tun können.
2. **Erstellen Sie einen Zeitplan, sobald Sie wissen, in welchem Zeitraum Sie die Arbeit schreiben.**
   Ziel dieses Arbeitsschrittes ist es, sich die individuellen zeitlichen Bedingungen zu vergegenwärtigen und in einer ersten Annäherung sinnvolle Arbeitsfristen zu setzen.
   In Kapitel 2.4 erfahren Sie, was Sie dabei berücksichtigen sollten.
3. **Lesen Sie sich in das Thema ein, sobald Sie es kennen oder eine erste Idee dafür entwickelt haben.**
   Ziel dieses Arbeitsschrittes ist es, einen Überblick über das Thema zu erhalten. Welche Aspekte sind für das Thema zentral, welche nur am Rande interessant? Welche Aspekte interessieren Sie besonders?
   In den Kapiteln 3.2 und 7.1 erhalten Sie Tipps, wie Sie dabei vorgehen können.
4. **Grenzen Sie das Thema zum Beispiel durch eine Fragestellung ein, sobald Sie es grob überschauen.**
   Ziel dieses Arbeitsschrittes ist es, eine darstellungsleitende Fragestellung oder Hypothese festzulegen, die unter Ihren Bedingungen gut bearbeitbar und fachlich relevant ist. Um eine gute Note zu erreichen, ist bei der Festlegung der Fragestellung oder Hypothese meist erforderlich, dass Sie Spielraum für eine eigenständige, quellenbasierte Argumentation haben.
   In Kapitel 3.2 lernen Sie Hilfsmittel kennen, mit denen Sie eine Fragestellung oder Hypothese erarbeiten können.
5. **Erstellen Sie eine erste Gliederung.**
   Dieser Arbeitsschritt hat zwei Ziele: Zum einen legen Sie sich bereits früh fest, wie Sie argumentieren werden und ersparen sich damit unnötige Mehrarbeit (zum Beispiel durch wenig zielgerichtetes Lesen). Zum anderen haben Sie mit der ersten Gliederung eine gute Grundlage für das Gespräch mit dem Betreuer.
   In Kapitel 3.3 erfahren Sie, wie Sie aus Thema, Titel und Fragestellung eine erste Gliederung entwerfen, und in Kapitel 3.4, wie Sie prüfen können, ob der Entwurf auf der gegebenen Seitenzahl umsetzbar ist.

6. **Besprechen Sie die Gliederung und erste Rechercheergebnisse mit dem Betreuer.**
   Ziel dieses Arbeitsschrittes ist es, möglichst früh im Arbeitsprozess sicherzustellen, dass Sie die Anforderungen Ihres Betreuers hinsichtlich Ihrer Fragestellung oder Arbeitshypothese, der Gliederung und der ersten Rechercheergebnisse erfüllen. Zudem können Sie sich in diesem Gespräch über die Ansprüche des Betreuers an eine gute Arbeit informieren.
   Wie Sie die Sprechstunde(n) professionell vorbereiten und welche Fragen Sie stellen können, erfahren Sie in Kapitel 4.
7. **Recherchieren Sie nun gezielt erforderliche Quellen und bearbeiten Sie sie so, dass Sie jede möglichst nur einmal lesen müssen.**
   Ziel dieses Arbeitsschrittes ist es, möglichst effizient die Quellen zu finden und zu bearbeiten, die Sie für Ihre Argumentation benötigen. Wo und wie Sie recherchieren können und wie Sie die Quellen möglichst effizient bearbeiten, erfahren Sie in Kapitel 7.
8. **Schreiben Sie ein Exposé.**
   Ziel dieses Arbeitsschrittes ist es, sich die Vorgehensweise und die Schwerpunkte der Arbeit zu vergegenwärtigen. Zudem legen Sie sich hier präziser fest, wie Sie vorgehen möchten. Diese Festlegung kann Ihnen dabei helfen, größere Sicherheit zu gewinnen bzw. Schwächen im Zuschnitt der Arbeit früh zu entdecken. Und Sie können sich Feedback auf das Exposé holen – in seltenen Fällen ist sogar der Betreuer dazu bereit.
   Welche Aspekte in ein Exposé gehören, erfahren Sie in Kapitel 9.2.
9. **Schreiben Sie den Hauptteil.**
   Ziel dieses Arbeitsschrittes ist es, die Fragestellung systematisch und ergebnisorientiert zu bearbeiten. Je nach Zuschnitt der Arbeit gehören dazu verschiedene Aufgaben: den Forschungsgegenstand beschreiben, den Forschungsstand darstellen, Theorien oder Modelle beschreiben, eine Systematik für die spätere Analyse entwickeln, Methoden beschreiben und legitimieren, Sachverhalte analysieren etc. Für viele Studierende ist es eine große Entlastung, beim Schreiben zunächst lediglich auf den roten Faden und eine saubere Quellenarbeit zu achten und Fragen zur Prägnanz der Formulierungen und zum Stil dabei zurückzustellen.
   Wie Sie eine solche Rohfassung schreiben können, erfahren Sie in Kapitel 9.1. Welche Aspekte bei der Bearbeitung der einzelnen Aufgaben berücksichtigt werden sollten, erfahren Sie in den Kapiteln 9.4 bis 9.8.

10. **Schreiben Sie die Einleitung und den Schluss der Arbeit.**
    Ziel dieses Arbeitsschrittes ist es, der Arbeit einen Rahmen zu geben: In der Einleitung beschreiben Sie (unter anderem), welches Ziel Sie mit der Arbeit verfolgen; im Schlusskapitel stellen Sie das zentrale Ergebnis der Arbeit vor und skizzieren meist den Weg zu diesem Ergebnis.
    In den Kapiteln 9.3 und 9.9 erfahren Sie, welche Informationen in eine Einleitung und in das Schlusskapitel gehören, und erhalten Anregungen für Formulierungen.
11. **Überarbeiten Sie den Text schrittweise.**
    Ziel dieses Arbeitsschrittes ist es, den Text schrittweise so zu überarbeiten, dass er den wissenschaftlichen Konventionen Ihres Fachs, den Ansprüchen des Prüfers und Ihren eigenen Vorstellungen entspricht. Dafür sollten Sie den Text mehrfach lesen und jeweils auf andere Überarbeitungsebenen achten, zum Beispiel auf den roten Faden, den angemessenen Fachsprachengebrauch oder die Verwendung präziser Begriffe. In einem letzten Schritt sollten Sie den Text Korrektur lesen oder ihn dafür jemand anderem geben. Wie Sie Ihren Text schrittweise überarbeiten können, erfahren Sie in Kapitel 10.
12. **Fertigen Sie die Verzeichnisse an.**
    Ziel dieses Arbeitsschrittes ist es, die verwendeten Abkürzungen, Abbildungen, Symbole oder Tabellen zusammenzutragen, um dem Leser einen Überblick darüber zu ermöglichen.
    Wie ein solches Verzeichnis aussehen kann, haben Sie bereits in Kapitel 2.2 erfahren. Wie Sie es in Word automatisiert erstellen, lesen Sie in Kapitel 6.2.
13. **Drucken Sie die fertige Arbeit aus, heften Sie sie ein oder lassen Sie sie binden – geben Sie sie ab.**
    Wie die fertige Arbeit aussehen soll, haben Sie ebenfalls bereits in Kapitel 2.2 erfahren.

Es ist nicht bei jedem Thema und nicht für jede Person sinnvoll, diese Teilaufgaben in der genannten Reihenfolge zu bearbeiten. So ist es Ihnen vielleicht nicht möglich, zu einem frühen Zeitpunkt im Arbeitsprozess eine Fragestellung festzulegen oder eine Gliederung zu erstellen. Oder es erweist sich für Sie als sinnvoll, während der gesamten Bearbeitungszeit zu recherchieren und zu lesen.

Insbesondere bei empirischen Arbeiten ist es erforderlich, zusätzlich zu den genannten Teilaufgaben weitere zu bearbeiten (zum Beispiel die Sicherung des Datenzugangs oder die Datenerhebung selbst) und einige der Teilaufgaben in einer anderen Reihenfolge anzugehen. Genaueres dazu erfahren Sie in Kapitel 5 „Besonderheiten empirischer Arbeiten".

Tipp

Beim wissenschaftlichen Schreiben gilt: Never change a running system. Vergegenwärtigen Sie sich daher, in welcher Reihenfolge Sie die Teilaufgaben des wissenschaftlichen Schreibens bearbeiten werden. Orientieren Sie sich an der hier gewählten Reihenfolge soweit, wie sie Ihnen für Ihre Arbeit sinnvoll erscheint!

2.4 Einen Zeit- und Arbeitsplan aufstellen

Um einen Überblick über Ihre zeitlichen Ressourcen und die anfallenden Aufgaben zu gewinnen, können Sie noch vor Beginn der Bearbeitungszeit einen Zeitplan erstellen. Je besser es Ihnen gelingt, dabei Ihre individuellen Bedingungen zu berücksichtigen, desto größer ist der Nutzen:

- Sie können die bestehende Arbeitszeit effizient nutzen und die Arbeit fristgerecht abgeben.
- Sie haben während der Erstellung der Arbeit weiterhin ein Privatleben, weil Sie sowohl Arbeits- als auch Freizeit berücksichtigen.
- Sie sind während des Schreibprozesses stets orientiert, welcher Arbeitsschritt anliegt und wie viel Zeit Ihnen zu seiner Bearbeitung zur Verfügung steht.
- Sie haben immer vor Augen, was Sie bereits geschafft haben, und können sich so besser motivieren.
- Sie können besser abschätzen, welche Konsequenzen es hat, falls Sie doch für einen Arbeitsschritt länger benötigen als geplant oder sich spontan mal einen zusätzlichen freien Tag nehmen.
- Sie merken sehr früh, ob Sie das Projekt wie geplant fertigstellen können oder ob Sie Ihre Arbeitsweise ändern müssen.
- Weil Sie entscheiden, welche Teilaufgaben Sie wann bearbeiten, können Sie To-Do-Listen für den jeweiligen Tag erarbeiten. Auf diese Weise setzen Sie sich konkrete und realistische Tagesziele.

Vielleicht fehlen Ihnen zum jetzigen Zeitpunkt einige Informationen, die für einen detaillierten Zeitplan erforderlich sind, z. B. das Abgabedatum der Arbeit oder der Stundenplan für das kommende Semester. Planen Sie dann nur das ein, was Sie bereits verbindlich wissen, oder erstellen Sie einen Zeitplan, der Ihren Wünschen entspricht. Sobald Sie die erforderlichen Informationen haben, können Sie den Zeitplan aufwandsarm den veränderten Gegebenheiten anpassen.

>> **Tipp**

Nicht jedem tut es gut, sich im Vorfeld festzulegen. Überlegen Sie daher, ob Sie einen Zeitplan für sich für hilfreich halten!

2.4.1 Die zeitliche Gewichtung der Teilaufgaben

Für einen realistischen und damit hilfreichen Zeitplan sollten Sie Ihre individuellen Schreib- und Lernerfahrungen berücksichtigen. Nehmen Sie sich daher einige Minuten Zeit, um Ihr Zeitmanagement bei vergangenen Arbeiten auszuwerten:

- Wie viele Stunden am Tag konnten Sie konzentriert arbeiten?
- Wie viel Zeit haben Sie jeweils für das Recherchieren, Lesen, Schreiben und Überarbeiten benötigt?
- Konnten Sie am Ende eine Version Ihrer Arbeit einreichen, mit der Sie zufrieden waren?
- Was wollen Sie bei dieser Arbeit genauso, was anders machen?

Wenn Sie bei der Beantwortung der Fragen zu dem Schluss kommen, dass Sie Ihr Zeitmanagement grundlegend ändern möchten, und wenn Sie zudem nicht glauben, dass Sie für einzelne Arbeitsschritte überdurchschnittlich kurz oder lang brauchen, können Ihnen folgende Hinweise eine Orientierung für ein sinnvolles Zeitmanagement geben:

- Nehmen Sie sich ca. 30% der gesamten Arbeitszeit für die Recherche, Festlegung der Fragestellung und der Gliederung sowie das Sortieren und (An-)Lesen der Literatur.
- Planen Sie ca. 40% der Zeit für das Schreiben der Rohfassung ein. ‚Rohfassung' bedeutet, dass Sie sich ‚lediglich' darum bemühen, die Gedanken zügig in einem roten Faden aufs Papier zu bringen. Die Sprache präzisieren und ansprechender formulieren können Sie beim Überarbeiten. Beim Schreiben der Rohfassung passiert es häufig, dass doch noch einzelne Quellen recherchiert und gelesen werden oder andere unvorhergesehene Dinge passieren.

- Beim Planen der Zeit für das Schreiben der Rohfassung ist es jedoch besonders wichtig, sich auf Ihre Erfahrungen mit bisherigen Arbeiten zu besinnen: Wenn Sie es noch nie geschafft haben, täglich zwei Seiten Text zu schreiben, sollten Sie für das Schreiben einer 40-seitigen Arbeit unbedingt mehr als 80 Tage einrechnen, selbst wenn dies 65% Ihrer Bearbeitungszeit sind – schließlich bringt es Ihnen nichts, wenn Sie viele Quellen gelesen haben, aber Ihre Arbeit in der gegebenen Zeit nicht fertig stellen können.
- Nutzen Sie die verbleibenden 30% der Arbeitszeit, um den Text zu überarbeiten und zu korrigieren und um die Verzeichnisse zu erstellen. Auch wenn Ihnen dies viel erscheint: So stellen Sie sicher, dass die Abgabefassung des Textes Ihren Fähigkeiten entspricht. Es ist ein oft vertretener Irrglaube, dass ein- oder zweimaliges Korrekturlesen des Textes ausreicht!

Ob diese zeitliche Schwerpunktsetzung für Ihr Schreibprojekt angemessen ist, hängt nicht nur von Ihren Fähigkeiten ab, sondern auch von der zur Verfügung stehenden Zeit, der Länge der Arbeit, der Anzahl zu verwendender Quellen und ggf. nötiger Datenerhebungen: Schließlich muss eine Masterarbeit mit dreimonatiger Bearbeitungszeit je nach Prüfungsordnung und Betreuer mal 45 Seiten, mal 100 Seiten lang sein, mal sollen 30 Quellen, mal mehr als 80 berücksichtigt werden.

Tipp

>> Vergegenwärtigen Sie sich sowohl die Vorgaben für Ihre Arbeit als auch Ihre Schreib- und Lernerfahrungen und berücksichtigen Sie beides, wenn Sie den Zeitplan erstellen!

2.4.2 Wie viel Zeit zur Verfügung steht – eine Wochenübersicht

Der nächste Schritt zu einem guten Zeitmanagement hilft Ihnen, sich bewusst zu machen, wie viel Zeit Ihnen in einer durchschnittlichen Woche zum Schreiben der Arbeit bleibt: Erstellen Sie eine Wochenübersicht über die Tätigkeiten, die Sie an den einzelnen Wochentagen unternehmen. So ermitteln Sie, wie viel Zeit Ihnen zum Schreiben einer Arbeit zur Verfügung steht.

Eine Wochenübersicht könnte beispielsweise so aussehen:

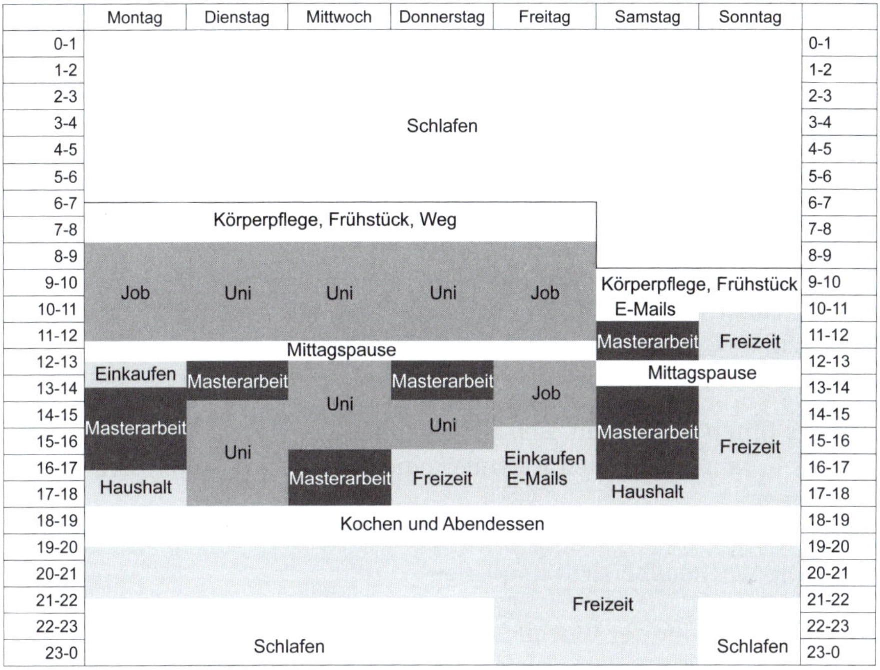

Abb. 8: Wochenübersicht

Tipp

>> Nutzen Sie Kalender- bzw. Organizer-Software oder einen Online-Kalender (beispielsweise von google, Web.de etc.), um diese Wochenübersicht anzufertigen. Sie können Termine darin beliebig verschieben und sind daher flexibel. Viele dieser Programme bieten zudem die Möglichkeit, sich per E-Mail oder SMS an die eigene Planung erinnern zu lassen.

Zum Ausfüllen der Übersicht müssen Sie sich alle Tätigkeiten vergegenwärtigen, die Sie in einer durchschnittlichen Woche erledigen, und sie jeweils vollständig in den Blick nehmen: Für einen einstündigen Fitnesskurs müssen Sie nicht nur die reine Trainingszeit berücksichtigen, sondern auch die Fahrzeit, das Umziehen und das Duschen. Die eine Stunde Sport muss daher realistisch z. B. mit drei Stunden veranschlagt werden, und möglicherweise sind Sie anschließend hungrig und sollten daher vor dem Weiterarbeiten eine Mahlzeit einplanen.

Berücksichtigen Sie also beim Ausfüllen der Wochenübersicht auch

- Wege, egal ob zur Freundin, zum Job oder zur Uni,
- Einkaufen,
- Kochen,
- Haushaltstätigkeiten: spülen, Müll rausbringen, Wäsche waschen etc.,
- Körperpflege,
- Freizeitaktivitäten,
- Schlaf,
- Telefonate und E-Mails.

Falls es Ihnen schwerfällt, sich alle regelmäßigen Aktivitäten zu vergegenwärtigen, können Sie den Kalender eine Woche lang sukzessive vervollständigen.

2.4.3 Die Wochenübersicht umplanen

Wenn Sie mithilfe der Wochenübersicht festgestellt haben, welche Zeiten Ihnen für das Schreiben der Arbeit zur Verfügung stehen, können Sie diese Ist-Beschreibung in eine Soll-Beschreibung überführen. Dafür ist es zunächst hilfreich, Ihre Schreib- oder Lernerfahrungen weiter zu reflektieren:

- Zu welcher Tageszeit können Sie besonders gut arbeiten?
- Gibt es Arbeitsschritte, für die Sie bestimmte Bedingungen brauchen: Können Sie zum Beispiel abends besonders gut lesen oder nur montags in die Bibliothek gehen?
- Wie lang können Sie durchgehend konzentriert arbeiten?
- Wie viel zusammenhängende Zeit benötigen Sie mindestens, um sich auf die Arbeit einzulassen?
- Wie lang sollte eine Pause sein, damit Sie danach gut weiterarbeiten können?
- Was sollten Sie am besten in der Pause tun, damit Sie danach gut weiterarbeiten können?
- An welchem Ort können Sie besonders produktiv arbeiten – beispielsweise zuhause im Arbeitszimmer, in der Bibliothek, im Büro?
- Welche Arbeitsschritte können Sie auch angehen, wenn Sie müde sind?
- Unter welchen Bedingungen können Sie sich am besten motivieren?

Nach der Beantwortung dieser Fragen können Sie die Wochenübersicht überarbeiten, z. B. indem Sie Aktivitäten verschieben oder zusammenlegen. Falls Sie bereits eine Idee haben, wie Sie einzelne Zeitfenster gut für die Arbeit nutzen können, notieren Sie sie!

Nachdem Sie nun eine Übersicht über die verfügbare Zeit gewonnen haben, können Sie prüfen, ob es realistisch ist, dass Sie die Arbeit in diesem zeitlichen Rahmen fertigstellen. Aber bedenken Sie: Hochzeiten im Freundeskreis oder in der Familie, Urlaube, Klausuren etc. tauchen in einer solchen ‚Modellwoche' nicht auf. Vergegenwärtigen Sie sich daher alle Termine, die während der Bearbeitungszeit anliegen. Wenn Sie dennoch im Vorfeld nicht einschätzen können, ob Ihre Zeitplanung realistisch ist, sollten Sie sich während der Bearbeitungszeit regelmäßig (zum Beispiel einmal wöchentlich oder alle drei Tage) mit dieser Frage auseinandersetzen.

Wenn Sie aber feststellen, dass Sie die Arbeit in der zur Verfügung stehenden Zeit wahrscheinlich nicht fertigstellen können, haben Sie mehrere Möglichkeiten:

- Sie entscheiden sich, während der Bearbeitungszeit einige Aktivitäten zu streichen (z. B. Sport, Kino o. Ä.) – aber: Achten Sie auf Ausgleich und streichen Sie nicht all das, was Ihnen Freude bereitet oder Sie zwischendurch auf andere Gedanken bringt!
- Sie binden Freunde und Familie stärker ein: zum Einkaufen, beim Haushalt etc.
- Sie bitten den Prüfer um eine spätere Abgabefrist.
- Sie reduzieren Ihre Ansprüche an die Qualität und die Note der Arbeit.
- Sie schreiben die Arbeit erst im folgenden Semester.

Tipp

Hängen Sie den überarbeiteten Wochenplan gut sichtbar in die Nähe Ihres Arbeitsplatzes und vergegenwärtigen Sie sich, welche Konsequenzen es hat, wenn Sie sich nicht daran halten!

2.4.4 Einen Zeit- und Arbeitsplan erstellen

Um einen Zeit- und Arbeitsplan aufzustellen, können Sie einen Zeitstrahl nutzen. Er könnte beispielsweise so aussehen:

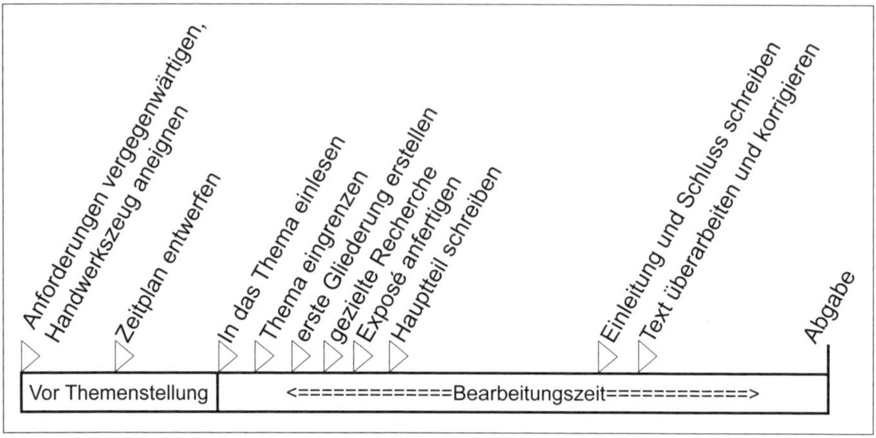

Abb. 9: Zeit- und Arbeitsplan als Zeitstrahl

Oder Sie können eine Tabelle nutzen. Dem Zeitstrahl gegenüber bietet sie den Vorteil, dass Sie besser markieren können, welche Arbeitsschritte Sie parallel angehen. Ein Zeit- und Arbeitsplan in Tabellenform könnte beispielsweise so aussehen:

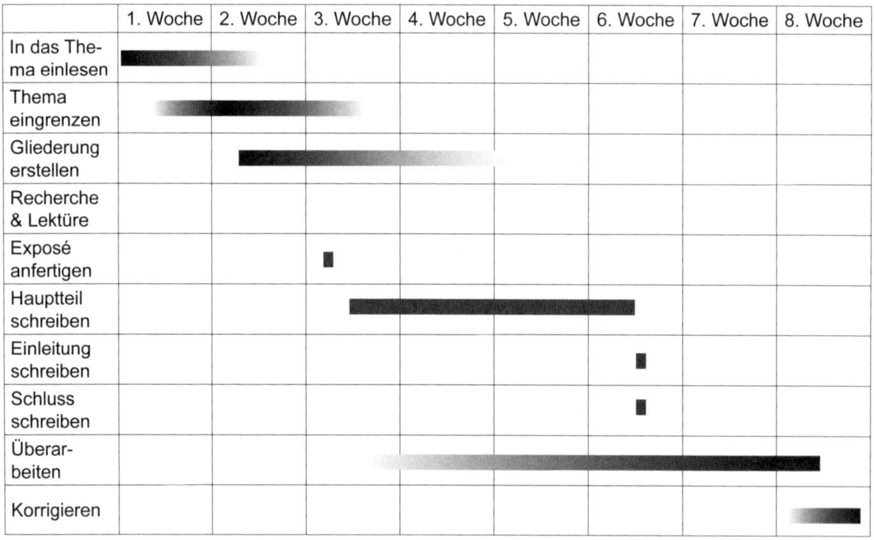

Abb. 10: Zeit- und Arbeitsplan als Tabelle

Tragen Sie in diesen Zeit- und Arbeitsplan zunächst die Termine ein, die in der Wochenübersicht nicht erscheinen: also Geburtstage, Hochzeiten, Urlaube, Umzüge etc. Beginnen Sie dann hinten mit der Zeitplanung, indem Sie vom Abgabedatum her denken:

- Fragen Sie Freunde, wie viel Zeit sie für eine Rückmeldung auf Ihren Text benötigen.
- Informieren Sie sich ggf. bei Korrektoren, wann sie Ihre Arbeit benötigen und wie lang die Korrektur dauert.
- Planen Sie ausreichend Zeit ein, um Ihre Arbeit nach der Rückmeldung angemessen zu überarbeiten und die Korrekturvorschläge umzusetzen.
- Beachten Sie bei einer Examensarbeit, dass das Binden bis zu zwei Stunden dauert – falls Sie die Arbeit am Abgabetag sehr früh einreichen müssen, müsste sie daher bereits am letzten Werktag davor gebunden werden.

Nachdem Sie diese Arbeitsschritte eingetragen haben, können Sie die verbleibenden Arbeitsschritte so auf die übrige Zeit verteilen, dass Sie die tägliche Schreib- und Lesemenge bewältigen können. Dabei ist entscheidend, mit welcher Strategie Sie die Literatur bearbeiten: Wenn Sie früh im Arbeitsprozess alle Texte sorgfältig lesen und Zentrales mit eigenen Worten herausschreiben („exzerpieren"), benötigen Sie wahrscheinlich weniger Zeit für das Schreiben als fürs Lesen; wenn Sie hingegen mit den Texten auf dem Schoß schreiben und während des Schreibens immer wieder recherchieren, ist weniger Zeit für die erste Recherche erforderlich, aber viel Zeit für das Schreiben der Rohfassung (zu den verschiedenen Strategien vgl. Kapitel 7.4). Orientieren Sie sich daher wieder an Ihren bisherigen Erfahrungen, vor allem in Bezug auf Ihre Recherche-, Lese- und Schreibgeschwindigkeit. Falls Sie bisher noch keine wissenschaftlichen Texte geschrieben haben, helfen Ihnen die Hinweise in Kapitel 2.4.1, eine erste Fassung Ihres Zeitplans anzulegen.

Wenn Sie bei der Betrachtung Ihres nun fertigen Zeitplans das Gefühl haben, dass Ihnen bis zur Abgabe noch viel Zeit bleibt, bedenken Sie, dass Sie nicht immer gleich produktiv sein können, evtl. einmal Kopfschmerzen haben oder eine unerwartete Anfrage Zeit raubt. Fangen Sie deshalb nicht später als geplant an, nur weil Sie glauben, die Arbeit leicht bewältigen zu können; sollten Sie wirklich schneller als gedacht fertig sein, nutzen Sie die Zeit doch dann!

Tipp

>> Planen Sie bewusst Puffer mit ein: Ein Tag mit Kopfschmerzen oder die spontane Entscheidung, mit Freunden ins Kino zu gehen, sollte nicht gefährden, dass Sie die Arbeit fristgerecht fertig stellen!

2.4.5 Tipps zum Umsetzen des Zeitmanagements

Tipp

>> Nehmen Sie sich während der Bearbeitungszeit regelmäßig Auszeiten, in denen Sie Ihr Zeitmanagement und Ihre Arbeitsweise reflektieren. Sind Sie zufrieden mit beidem oder möchten Sie etwas ändern?

Wenn es Ihnen schwer fällt, sich an Ihren Zeitplan zu halten, können Sie folgende Tipps ausprobieren:

Tipps, um Motivation und Disziplin zu vergrößern

- Beginnen Sie an einem Schreibtag so früh wie möglich mit dem Schreiben – für einen Nachtmenschen ist das vielleicht um acht Uhr abends statt erst um zehn, für einen Morgenmenschen vielleicht um acht Uhr morgens statt um zehn – so entdramatisieren Sie das Anfangen.
- Hören Sie nach Möglichkeit nicht auf zu schreiben, wenn es gerade schlecht läuft, sonst fällt es am nächsten Tag viel schwerer, wieder anzufangen.
- Falls Sie sich nicht motivieren können, sollten Sie sich an jedem Tag mindestens fünf Minuten konzentriert und durchgängig Ihrer Arbeit widmen. Stellen Sie sich einen Wecker, um in dieser Zeit nichts anderes zu machen und sofort zu beginnen! Das erleichtert das Anfangen und wird oft dazu führen, dass Sie wesentlich länger arbeiten.
- Nutzen Sie Ihre Zeit effizient: Beispielsweise können Sie während Bus- oder Bahnfahrten Texte lesen oder Gedanken und Ideen notieren.
- Betrachten Sie das Schreiben der wissenschaftlichen Arbeit als Arbeit: Sie benötigen dafür keine besondere Eingebung, sondern erledigen eine Teilaufgabe nach der nächsten und kommen so zu einem Ergebnis!

- Schaffen Sie sich einen geschützten Raum zum Schreiben:
  → Schaffen Sie eine Atmosphäre, in der Sie gut arbeiten können.
  → Stellen Sie sicher, dass Sie nicht gestört werden (beispielsweise, indem Sie das Handy abschalten).
  → Setzen Sie sich für einzelne Aktivitäten enge zeitliche Begrenzungen.
- Beziehen Sie andere mit ein:
  → Informieren Sie Freunde und Familie darüber, dass Sie evtl. in den nächsten Wochen wenig Zeit haben.
  → Bitten Sie Freunde und Familie um Unterstützung (bestimmt kaufen Ihre Eltern gern ausnahmsweise für Sie ein, Ihr Partner wird (hoffentlich) gern häufiger kochen oder mehr Verantwortung im Haushalt übernehmen, Kommilitonen werden sich für ein Feedback auf Ihre Texte zur Verfügung stellen etc.).
  → Nutzen Sie Arbeitsbündnisse, um sich Fristen zu setzen (z. B. können Sie Freunde bitten, Ihnen am nächsten Tag Rückmeldung auf den Text zu geben, den Sie bis dahin geschrieben haben).
- Belohnen Sie sich (oder lassen Sie sich belohnen), wenn Sie sich an Ihren Zeitplan gehalten haben oder sogar schneller waren. (Aber vergessen Sie nicht: Belohnungen sind das, was man bekommt, *nachdem* man etwas geschafft hat.)
- Bestrafen Sie sich nicht, wenn Sie Ihrem Zeitplan hinterherhinken: Dies reduziert die Motivation und trägt daher meist nicht dazu bei, dass Sie in Zukunft besser vorankommen.
- Vergegenwärtigen Sie sich die Konsequenzen, wenn Sie sich bewusst nicht an Ihren Zeitplan halten (schließlich müssen Sie alles nachholen, was Sie nicht am geplanten Tag lesen, schreiben etc.).

Tipp

Für weitergehende Hinweise empfehlen wir Ihnen das Buch „Selbstmanagement und Zeitplanung“ von Edith Püschel (2010), das ebenfalls in der Reihe Uni-Tipps erschienen ist.

2.5 Checkliste: Was Sie bereits vor der Themenstellung tun können

Anhand der folgenden Checkliste können Sie überprüfen, ob Sie sich vor der Themenstellung bereits gut auf das Schreiben der Arbeit vorbereitet haben:

Checkliste für alles, was Sie bereits vor Beginn der Arbeit erledigen können

- Haben Sie einen Zeit- und Arbeitsplan angelegt?
- Haben Sie entschieden, wo Sie arbeiten werden?
- Finden Sie am Arbeitsplatz
  - → Duden und Synonymlexika oder einen
  - → Internetzugang,
  - → USB-Stick oder andere Möglichkeit zur Datensicherung,
  - → Computer samt benötigter Software,
  - → Drucker,
  - → Literatur,
  - → Kaffee, Tee, Snacks etc.?
- Ist ein Kopierer in der Nähe und besitzen Sie dafür eine Kopierkarte, oder ist ein Copyshop in der Nähe?
- Haben Sie mit Freunden und Familie geklärt, wie sie Sie unterstützen werden?
- Sind Sie hinreichend vertraut mit der Recherche in Datenbanken, Online-Katalogen und OPACs (haben Sie z. B. einen Recherchekurs der Fachbibliothek besucht)?
- Beherrschen Sie Ihr Textverarbeitungsprogramm hinreichend (haben Sie beispielsweise einen Word-Kurs besucht)?
- Haben Sie Formatvorlagen für die Arbeit angelegt (vgl. Kap. 6.2)?
- Wissen Sie genau, welche Vorgaben der Lehrstuhl/das Prüfungsamt stellt und haben Sie den Leitfaden des Lehrstuhls und/oder die Prüfungsordnung aufmerksam durchgelesen?
- Haben Sie ausreichend Materialien besorgt?
  - → Textmarker
  - → Druckerpapier
  - → Druckerpatrone
  - → Klebezettel
  - → Notizblock
  - → Bei Seminararbeiten: Ordner, in dem die Arbeit abgegeben werden kann

3 Von der Themenstellung zum Konzept der Arbeit

Je nach Lehrstuhl, an dem Sie die Arbeit schreiben, gelangen Sie auf unterschiedlichen Wegen zu einem Thema: Es wird Ihnen zugewiesen, Sie können sich um eines aus einer Auswahl von Themen bewerben oder Sie können einen eigenen Themenvorschlag einreichen. Egal auf welchem dieser Wege Sie zum Thema gelangen: Meist ist es noch sehr grob gefasst! Daher ist es der erste ungemein wichtige Arbeitsschritt, aus dem zunächst noch groben Thema eine gute Themeneingrenzung zu erarbeiten. Je besser Ihnen dies gelingt, desto effizienter und zielgerichteter können Sie recherchieren, lesen und schreiben und desto größer ist die Chance, dass Sie eine gute Note erhalten.

Gerade bei den ersten wissenschaftlichen Arbeiten investieren Studierende in der Regel viel zu wenig oder viel zu viel Zeit in diesen Arbeitsschritt: Sie gehen entweder von dem vorgegebenen, meist sehr weiten Thema aus und stehen während der weiteren Arbeitsschritte stets vor dem Problem, entscheiden zu müssen, was noch zum Thema gehört, oder sie verlieren sich im ziellosen Lesen, so lang, bis entweder alles trivial erscheint oder alles wichtig.

Lektüreempfehlung

Wenn Sie nur wenig Erfahrung mit wissenschaftlichen Arbeiten und ausreichend Zeit bis zur Abgabe der Arbeit haben, empfehlen wir Ihnen, sämtliche Unterkapitel sorgfältig zu lesen und der dort beschriebenen Vorgehensweise zu folgen.

Wenn Sie bereits Erfahrung mit wissenschaftlichen Arbeiten haben und/oder Sie nicht mehr allzu viel Zeit bis zur Abgabe haben, können Sie mit der Lektüre der Unterkapitel 3.2.1, 3.2.4, 3.3.1 und 3.3.2 sicherstellen, dass Ihr Thema gut zu bearbeiten und Ihre Gliederung korrekt ist.

Wenn Sie nur noch wenig Zeit zur Verfügung haben, nutzen Sie Unterkapitel 3.3.1 und 3.3.2, um die Richtigkeit Ihrer Gliederung zu prüfen.

3.1 Typische Arbeiten – typische Gliederungen

Einige Typen von Arbeiten sind in den Wirtschaftswissenschaften so verbreitet, dass sich nur sehr selten Arbeiten finden, die sich ihnen nicht zuordnen lassen. Daher möchten wir sie Ihnen nun vorstellen, damit Sie zu Beginn von Kapitel 3 eine Vorstellung davon gewinnen, wie eine typische Arbeit aufgebaut ist.

Typ 1: Literaturarbeit mit Anwendung einer Theorie oder eines Modells auf einen Gegenstand

Am häufigsten werden Literaturarbeiten geschrieben, in denen auf der Grundlage der bestehenden Quellenlage ein Gegenstand mit Hilfe eines Modells oder einer Theorie analysiert wird. Diese Arbeiten bestehen meist aus den Bausteinen **Einleitung – Darstellung des Gegenstands und der Theorie/des Modells – Anwendung der Theorie/des Modells auf den Gegenstand – (oft) Diskussion der Ergebnisse – Schluss.**

In der folgenden Abbildung sehen Sie eine kommentierte Gliederung einer solchen Arbeit. Sie stammt aus einer 16-seitigen Seminararbeit eines Studenten in der Masterphase.

Titel: Staatliche und private Arbeitsvermittlung im Vergleich

Fragestellung: Welche Form der Arbeitsvermittlung ist für Arbeitssuchende sinnvoller?

Gliederung:

1. Einleitung
2. Formen der Arbeitsvermittlung
   a. Staatliche Arbeitsvermittlung
   b. Private Arbeitsvermittlung

> Hier wird der Gegenstand der Arbeit erläutert. Da in dieser Arbeit zwei Typen der Arbeitsvermittlung verglichen werden, werden sie entsprechend in zwei Unterkapiteln behandelt. Darin nennt der Autor lediglich die wichtigsten Unterscheidungsmerkmale.

3. Probleme der Arbeitsvermittlung
   a. Informationsasymmetrien
   b. Transaktionskosten

> Hier werden die gewählten Theorien erläutert. Der Autor der Arbeit stellt dabei einen direkten Bezug zur Arbeitsvermittlung her, indem er erläutert, welchen Stellenwert Informationsasymmetrien dabei haben und wo Transaktionskosten anfallen.

4. Vergleich staatlicher und privater Arbeitsvermittlung
   a. Staatliche Arbeitsvermittlung
      i. Umgang mit Informationsasymmetrien
      ii. Entstehende Transaktionskosten
   b. Private Arbeitsvermittlung
      i. Umgang mit Informationsasymmetrien
      ii. Entstehende Transaktionskosten

> Hier werden beide Formen der Arbeitsvermittlung anhand der in Kapitel 3 beschriebenen Theorien analysiert. Der Autor geht dabei in Kapitel a und b exakt gleich vor, aber vergleicht seine Ergebnisse noch nicht.

   c. Vergleich und Diskussion der Ergebnisse

> Der Vergleich der Analyseergebnisse erfolgt in diesem Kapitel. Zudem diskutiert der Autor hier anhand der Ergebnisse, welche Form der Arbeitsvermittlung für Arbeitssuchende sinnvoller ist.

5. Fazit

Abb. 11: Kommentierte Gliederung einer Typ-1-Arbeit

Dass es sich hier um eine vergleichende Arbeit handelt, ist Zufall und dementsprechend nicht konstitutiv für diesen Typ von Arbeit. Ein weiteres Beispiel für diesen häufigen Typ finden Sie in Kapitel 3.3.2.

Typ 2: Literaturarbeit mit Analyse des Gegenstands anhand seiner Rahmenbedingungen oder Charakteristika

Etwas seltener vertreten sind Arbeiten, in denen ein Gegenstand nicht mithilfe einer Theorie oder eines Modells analysiert wird, sondern anhand gegenstandsimmanenter Kriterien oder der für den Gegenstand geltenden Rahmenbedingungen. Diese Arbeiten bestehen aus den Bausteinen **Einleitung – Darstellung der Rahmenbedingungen oder Charakteristika des Gegenstands – Analyse des Gegenstands vor dem Hintergrund seiner Rahmenbedingungen oder Charakteristika – (meist, aber nicht immer) Diskussion der Ergebnisse – Schluss.**

Die Gliederung in der folgenden Abbildung stammt aus einer Bachelorarbeit, die 30 Seiten lang ist.

Titel: Bilanzskandale in den USA und Europa – Gemeinsamkeiten und Unterschiede

Fragestellung: Haben die Rahmenbedingungen der Bilanzierung Auswirkungen auf die Art und die Größe von Bilanzskandalen?

Gliederung:

1. Einleitung
2. Unterschiede in den Rahmenbedingungen der Bilanzierung in Europa und den USA
   - 2.1 Aktionärsstruktur
   - 2.2 Unternehmensverfassungen
   - 2.3 Rechnungslegungsstandards

   > Hier werden die Rahmenbedingungen des Gegenstands erläutert und – da in dieser Arbeit Bilanzskandale in Europa und den USA betrachtet werden – miteinander verglichen.

3. Analyse europäischer Bilanzskandale
   - 3.1 Schnieder
   - 3.2 Parmalat
   - 3.3 Gemeinsamkeiten und Unterschiede
4. Analyse US-amerikanischer Bilanzskandale
   - 4.1 Worldcom
   - 4.2 Enron
   - 4.3 Gemeinsamkeiten und Unterschiede

   > Anhand von zwei US-amerikanischen und zwei europäischen Bilanzskandalen wird jeweils in den ersten beiden Unterkapiteln der Einfluss der drei Rahmenbedingungen analysiert, die in Kapitel 2 dargestellt wurden. Im jeweils letzten der Unterkapitel werden beide Skandale verglichen.

5. Einfluss der Rahmenbedingungen der Bilanzierung auf Bilanzskandale
   - 5.1 Aktionärsstruktur
   - 5.2 Unternehmensverfassungen
   - 5.3 Rechnungslegungsstandards

   > Der Vergleich der Analyseergebnisse erfolgt in diesem Kapitel. Zudem diskutiert der Autor anhand der Ergebnisse, inwiefern die Rahmenbedingungen die Art der Skandale beeinflussen.

6. Fazit

Abb. 12: Kommentierte Gliederung einer Typ-2-Arbeit

Auch bei diesem Beispiel ist es Zufall, dass es sich um eine Arbeit handelt, in der ein Vergleich erfolgt.

Typ 3: Rein deskriptive Literaturarbeit

Noch seltener vertreten sind rein darstellende Literaturarbeiten. Sie ähneln vom Aufbau her den Arbeiten des Typs 2, beinhalten aber eben keinen Analyse- oder Anwendungsteil. Sie sind deduktiv angelegt, indem sie zunächst das Thema breiter darstellen und immer konkreter werden. Da im Hauptteil der Arbeit lediglich der Gegenstand beschrieben wird, bestehen diese Arbeiten aus den wenigen Bausteinen: **Einleitung – Beschreibung des Gegenstands – Schluss.**

Weil in diesen Arbeiten der Eigenanteil nahezu auf das Finden geeigneter Quellen und deren Paraphrase reduziert ist, möchten wir Ihnen empfehlen, diese Form von Arbeit nur zu schreiben, wenn es unumgänglich ist.

Die folgende Gliederung stammt aus einer 20-seitigen Seminararbeit in der Bachelorphase.

Titel: Risikoberichterstattung nach deutschem Recht

Fragestellung: keine

Gliederung:

1. Einleitung
2. Gesetzliche Grundlagen der Risikoberichterstattung — Hier werden die Grundlagen des Gegenstands erläutert.
3. Standard deutscher Risikoberichterstattung: der DRS 5
   a. Ziel
   b. Verbindlichkeitsgrad
   c. Geltungsbereich
   d. Risikodefinition
   e. Berichtspflichtige Risiken
   f. Detailierungsgrad des Berichts
   (a.–f.: Hier werden einzelne Aspekte des Gegenstands erläutert.)
4. Fazit

Abb. 13: Kommentierte Gliederung einer Typ-3-Arbeit

Typ 4: Empirische Literaturarbeit

Bei diesem Typ von Arbeit handelt es sich um eine Literaturarbeit, in der die Ergebnisse empirischer Studien zur Beantwortung einer Fragestellung genutzt werden. Sie bestehen in aller Regel aus den Bausteinen **Einleitung – Theorie – Methode der Studien – Ergebnisse der Studien – Schluss.**

Die folgende Gliederung stammt aus einer 20-seitigen Seminararbeit in der Masterphase.

Titel: Auswirkungen von Über- und Unterqualifizierung auf das Lohneinkommen

Fragestellung: Welche Auswirkungen haben Über- und Unterqualifizierung auf das individuelle Lohneinkommen?

Gliederung:

1. Einleitung
2. Theoretischer Hintergrund
   a. Humankapital-Theorie
   b. Messung von Über- und Unterqualifikation
   – Hier werden die theoretischen Grundlagen erläutert, die zum Verständnis des Gegenstands erforderlich sind. Dabei werden das grundlegende theoretische Modell und ein spezifisch auf den Untersuchungsgegenstand bezogenes theoretisches Konzept in einem Kapitel zusammengefasst.
3. Empirische Methoden
   a. Lineares Regressionsmodell
   b. Instrumentenvariablen-Ansatz
   c. Paneldaten-Ansätze
      i. Fixed-Effects-Modell
      ii. Random-Effects-Modell
   – Hier werden die Methoden der Studien dargestellt, die für diese Arbeit ausgewählt wurden.
4. Ergebnisse empirischer Studien
   a. Auswirkungen von Überqualifikation
   b. Auswirkungen von Unterqualifikation
   – Hier werden die Ergebnisse der empirischen Studien zur der Arbeit zugrundeliegenden Fragestellung vorgestellt.
5. Fazit

Abb. 14: Kommentierte Gliederung einer Typ-4-Arbeit

Typ 5: Empirische Arbeit

In empirischen Arbeiten werden entweder eigenständig Daten erhoben und ausgewertet, oder es werden bereits erhobene Daten ausgewertet. Diese Arbeiten sind in Bezug auf den Aufbau ziemlich normiert. So ist die Bearbeitung der folgenden Bausteine in der dargestellten Reihenfolge nahezu bindend: **Einleitung – Literaturüberblick – Theorie – Daten – Methode – Ergebnisse – Schluss.**

Die folgende Gliederung stammt aus einem 30-seitigen Artikel, der zur Veröffentlichung in einem Journal vorgesehen ist.

Titel: Effekte von linguistischer Distanz auf die Sprachfähigkeiten von Immigranten

Fragestellung: Welchen Einfluss haben linguistische Unterschiede zwischen der Muttersprache und der Sprache im Gastland auf die Sprachfähigkeiten von Immigranten?

Gliederung:

1 Einleitung – Der Literaturüberblick wurde in die Einleitung integriert, weil nur wenige Quellen herangezogen wurden, so dass kein Kapitel mit einem Literaturüberblick erforderlich war.

2 Hintergrund
   2.1 Sprachfähigkeiten als Humankapital
   2.2 Linguistische Distanz
   – Hier werden die theoretischen Grundlagen erläutert, die zum Verständnis des Gegenstands erforderlich sind. Dabei werden das grundlegende theoretische Modell und ein spezifisch auf den Untersuchungsgegenstand bezogenes theoretisches Konzept in einem Kapitel zusammengefasst.

3. Datensatz und empirische Strategie
   3.1 Datensatz
   3.2 Empirische Strategie
   – Hier werden die der Analyse zugrundeliegenden Daten vorgestellt sowie die Methode, mit der die Daten ausgewertet werden.

4. Ergebnisse – Hier werden die Ergebnisse der Analyse präsentiert.

5. Fazit

Abb. 15: Kommentierte Gliederung einer Typ-5-Arbeit

3.2 Das Thema finden und eingrenzen

Mit welcher Fragestellung oder Hypothese Sie Ihr Thema bearbeiten, entscheidet maßgeblich darüber, wie zielgerichtet Sie bei der Anfertigung der Arbeit vorgehen können und welche Note Sie für die Arbeit bekommen. Selbst wenn Ihnen der Prüfer das Thema oder eine Fragestellung vorgibt: Einen Fokus für die Bearbeitung des Themas müssen (fast) immer Sie setzen!

In diesem Unterkapitel erfahren Sie zunächst, nach welchen Kriterien Sie die Qualität eines Themas beurteilen können (3.2.1). Anschließend stellen wir Ihnen einen möglichen Weg vor, wie Sie von einer ersten groben Idee oder der Themenvorgabe des Prüfers zu einem gut bearbeitbaren Thema gelangen (3.2.2-3.2.4).

3.2.1 Anforderungen an ein Thema

Egal ob Sie erste Überlegungen anstellen, wie Sie ein eigenes Thema finden oder wie Sie ein vorgegebenes Thema sinnvoll eingrenzen: Sie müssen wissen, welche Kriterien ein gutes Thema erfüllt. Zwei dieser Kriterien sind obligatorisch: So ist ein Thema nur dann gut,

- wenn es in der vorgegebenen Bearbeitungszeit, im Rahmen der geforderten Seitenzahl und der eigenen Fähigkeiten bearbeitet werden kann. Auch das interessanteste Thema ist ungeeignet, wenn es Ihnen nicht ermöglicht, die Arbeit fristgerecht fertig zu stellen.
- aktuell, fachlich und (/oder) wissenschaftlich relevant ist.
  Meist wird erwartet, dass Sie ein aktuelles Thema aus Ihrem Fach bearbeiten. Weil es erst seit Kurzem Gegenstand der Wissenschaft ist, erfüllt es sowohl das Kriterium der Aktualität als auch der fachlichen und wissenschaftlichen Relevanz (Beispiel: „Fördermaßnahmen für erneuerbare Energien"). Doch gibt es auch Themen, die nicht aktuell, aber für die Wirtschaftswissenschaft so grundlegend sind, dass ihre Bearbeitung wissenschaftlich relevant und dementsprechend dennoch sinnvoll ist (Beispiel: „Kritische Betrachtung der Lucas-Kritik"). In einem dritten, sehr selten erwarteten Typus von Arbeiten sollen Sie nachweisen, dass Sie die komplexen Zusammenhänge eines Ausschnitts des Fachs korrekt wiedergeben (Typ-3-Arbeit). Oft erwartet der Prüfer dabei sogar, dass Sie sich nicht eigenständig mit dem Thema auseinandersetzen, sondern auf der Ebene der Darstellung verbleiben. Hier muss das Thema also fachlich relevant sein. Da jedoch lediglich Grundlagen wieder-

gegeben werden, sind solche Themen weder wissenschaftlich relevant noch besonders aktuell (Beispiel: „Rechnungslegung nach IFRS" oder „Risikoberichterstattung nach DRS 5").

Weil sie Ihnen das Schreiben erleichtern, empfehlen wir Ihnen dringend, darüber hinaus weitere Kriterien zu berücksichtigen. So ist ein Thema gut bearbeitbar,

- wenn ihm eine darstellungsleitende Fragestellung oder eine Hypothese zugrunde liegt.
  Dies ist wichtig, damit Sie Raum zum Argumentieren haben. Denn für rein darstellende Arbeiten werden nur sehr selten gute Noten vergeben und zwar ausschließlich dann, wenn in der Arbeit sehr komplexe Zusammenhänge dargestellt werden müssen, zum Beispiel verbunden mit einer umfangreichen Fachsprache. In solchen Fällen ist nachvollziehbar, dass die Prüfer an Ihrer Arbeit ‚nur' erkennen möchten, dass Sie den Gegenstand der Arbeit mit eigenen Worten korrekt beschreiben können. Doch selbst dann ist es hilfreich, die Arbeit auf die Beantwortung einer Fragestellung oder die Diskussion einer Hypothese auszurichten, was wir Ihnen deswegen für jede Arbeit empfehlen (vgl. dazu Kap. 3.2.4)!
- wenn Ihnen eine ausreichende Menge qualitativ hochwertiger Literatur zur Verfügung steht.
  Je nach Anforderungen des Prüfers und je nach Thema unterscheidet sich erheblich, was unter ‚ausreichend' verstanden wird. Bei empirischen Arbeiten zum Beispiel mag es vorkommen, dass Sie einen Bereich erforschen, zu dem bislang nichts publiziert wurde. Literatur benötigen Sie in diesem Fall lediglich, um Ihre Vorgehensweise festzulegen und zu legitimieren. Daher ist immer wichtig, dass Sie *und* Ihr Prüfer finden, dass Menge und Qualität vorhandener Quellen angemessen sind. Falls der Prüfer sich nicht festlegt: Eine grobe Faustregel besagt, dass die Menge der Quellen in etwa der Seitenanzahl der Arbeit entsprechen sollte.

3.2.2 Ein Thema finden

Überspringen Sie die Lektüre dieses Abschnitts, wenn Ihnen ein Thema zugewiesen wird!

In den Wirtschaftswissenschaften ist es leider nur selten möglich, den Lehrstuhl, an dem die Arbeit geschrieben wird, und Ihr Thema selbst zu bestimmen.

Wenn Sie wählen können, an welchem Lehrstuhl Sie eine Arbeit schreiben, sollten Sie sich die Ziele vergegenwärtigen, die Sie mit der Arbeit verbinden:

Mit der Arbeit verbundenes Ziel	Konsequenz
Ist es eine Ihrer ersten Arbeiten und Sie nutzen sie primär als Lernanlass (zum Beispiel, weil Sie mit der Arbeit Erfahrungen für die Bachelorarbeit sammeln möchten)?	Dann sollten Sie gut betreut werden und nach Abgabe der Arbeit erfahren, was der Prüfer an der Arbeit gut und schlecht findet.
Ist Ihnen die Note sehr wichtig?	Dann sollte Ihnen das Thema liegen und Sie sollten die Ansprüche des Prüfers und seine Benotungspraxis kennen.
Wollen Sie potenziellen Arbeitgebern zeigen, dass Sie sich in deren Bereich auskennen?	Suchen Sie dann den Prüfer nach seinem Fachbereich und seinem Forschungsschwerpunkt aus. Sie sollten zudem die Benotungspraxis kennen und nötigenfalls abwägen, ob zukünftigen Arbeitgebern das Thema oder die Note der entsprechenden Arbeit wichtiger sein wird.

Um sich gut für einen Prüfer entscheiden zu können, sollten Sie also klären:

- Interessieren Sie sich für die Themen aus dem Lehrgebiet des Prüfers?
- Wie gut werden Sie betreut: Gibt es nur ein Gliederungsgespräch oder können Sie inhaltliche und formale Fragen nach Ihren Bedürfnissen ansprechen?
- Wenn die Betreuung spärlich ist: Was wissen Sie über die Ansprüche der Prüfers? Worauf legt er besonderen Wert?
- Bei Abschlussarbeiten: Wie gut passt das Lehrgebiet des Prüfers zu Ihren zukünftigen Berufswünschen? Öffnet Ihnen der Abschluss bei ihm Türen, weil er renommiert ist (und seine Benotungspraxis Ihnen einen guten Abschluss erlaubt)?
- Wie benotet der Prüfer: eher wohlwollend oder eher streng?

Zur Klärung der Fragen können Sie ggf. den Leitfaden nutzen, den die meisten Prüfer für Arbeiten an ihren Lehrstühlen zur Verfügung stellen. Oder Sie besprechen Ihre Fragen mit Kommilitonen, den wissenschaftlichen Mitarbeitern des Prüfers oder dem Prüfer selbst.

Wenn Sie entschieden haben, bei welchem Prüfer Sie Ihre Arbeit schreiben, ist auch der Fachbereich vorgegeben, der Gegenstand Ihrer Arbeit sein wird. Um aus diesem Bereich ein Thema für Ihre Arbeit zu finden, benötigen Sie zu Beginn lediglich eine grobe Idee, beispielsweise etwas Unkonkretes wie

- „erneuerbare Energien“ oder – wenn Sie schon eine genauere Vorstellung haben –
- „Förderprogramme für erneuerbare Energien“ oder
- „externe Personalvermittlung“ bzw.
- „externe Personalvermittlung für kleine und mittlere Unternehmen (KMU)“.

Um zu einer solchen groben Idee für ein Thema zu gelangen, haben Sie viele Möglichkeiten:

- Sie blättern in den aktuellen Ausgaben der Fachzeitschriften.
- Sie lesen den Wirtschaftsteil der Tageszeitung.
- Sie schauen in Ihre Seminaraufzeichnungen der letzten Semester.
- Sie überlegen, in welchem Bereich Sie später arbeiten wollen.
- Sie sprechen mit Kommilitonen, ob die eine gute Idee haben, worüber Sie schreiben können.

Überlegen Sie bereits jetzt, ob Ihre erste Idee zu einem Thema den Anforderungen an ein gutes Thema entspricht.

3.2.3 Das Thema erschließen

Sobald Sie ein Thema erhalten haben oder sich für eines entschieden haben, sollten Sie sich zunächst so lang in das Thema einlesen, bis Sie Zusammenhänge grob überschauen und einschätzen können, welche Aspekte das Thema umfasst.

Dafür haben Sie z. B. folgende Möglichkeiten, die in Kapitel 7.1 detaillierter beschrieben werden:

- Lesen Sie ein bis zwei Texte, deren Titel weitestgehend mit Ihrem Thema übereinstimmen. Lesen Sie ggf. die Einstiegsliteratur, die Ihnen der Prüfer angegeben hat.
- Googlen Sie eine begrenzte Zeit lang. Um einen ersten Eindruck zu bekommen, sind auch unwissenschaftliche Internetseiten wie Wikipedia zulässig.
- Unterhalten Sie sich über das Thema mit Kommilitonen, die schon etwas darüber wissen.

Notieren Sie sorgfältig, auf welche Aspekte des Themas Sie stoßen. Dabei sollten Sie eigene Ideen ergänzen, z. B. zu interessanten Problemstellungen, vermuteten Zusammenhängen oder weiteren thematischen Aspekten. Falls Sie dabei Zusammenhänge zwischen Themenbereichen oder einzelnen Aspekten feststellen, z. B. Über- und Unterordnungen, sollten Sie diese bereits vermerken.

3.2.4 Eine darstellungsleitende Fragestellung oder Hypothese festlegen

Im nächsten Arbeitsschritt legen Sie mithilfe einer Fragestellung oder Hypothese fest, was Sie mit Ihrer Arbeit herausfinden bzw. diskutieren möchten. Sie bestimmen damit also über die fachliche und/oder gesellschaftliche Relevanz Ihrer Arbeit.

Sich frühzeitig nach der Themenstellung für eine Fragestellung oder Hypothese zu entscheiden, ist sinnvoll, weil Sie damit das Ziel der Arbeit festlegen und somit auch den Weg, den Sie ungefähr gehen werden: Denn in einer guten Arbeit leistet jedes Kapitel, jeder Absatz und jeder Satz einen Beitrag zur Bearbeitung der Fragestellung oder Hypothese. Sie festzulegen ermöglicht Ihnen also, noch vor der vertiefenden Recherche eine erste Gliederung zu erstellen und dadurch zielgerichtet zu recherchieren, zu lesen und zu schreiben.

Eine **Fragestellung** zielt auf die Lösung eines Problems, eine Unklarheit oder eine Lücke im wissenschaftlichen Diskurs ab. Sie ist insofern neutral, als die Antwort nicht feststeht oder je nach Ausgangslage unterschiedlich ausfallen kann. Wenn Sie Ihr Erkenntnisinteresse als Fragestellung formulieren, ist es in der Arbeit Ihre Aufgabe, schrittweise auf die Antwort dieser Frage hinzuarbeiten und sie im Schlusskapitel zu formulieren. Das Schwierige an einer Forschungsfrage ist, sie so zu stellen, dass sie exakt mit der vorgegebenen Seitenzahl zu beantworten ist: Die meisten Fragestellungen werden zunächst zu groß gewählt.

Ein Indiz für die **Qualität der Fragestellung** liefert das Fragewort: Die Fragewörter „was“ oder „welche“ können darauf hinweisen, dass Ihre Arbeit primär deskriptiv bleibt und somit lediglich bestehendes Wissen reproduziert. So ginge es in einer Arbeit mit der Fragestellung *Was ist Hochschulmarketing?* lediglich darum, es zu definieren und zu erläutern. Und auch die Fragestellung *Welche Formen des Hochschulmarketings gibt es?* erfordert lediglich eine Aufzählung der einzelnen Formen samt Definition und Erläuterung. Wie Sie am folgenden **Beispiel** sehen, liefert das Fragewort jedoch nur ein Indiz: So fordert die Fragestellung *Welche For-*

men des Hochschulmarketings eignen sich für welche Unternehmen?, dass Sie eine Bewertung vornehmen und somit über die reine Reproduktion hinausgehen, obwohl sie das Fragewort „welche" beinhaltet. Fragewörter wie „inwiefern", „warum" oder „wie" fokussieren jedoch deutlicher, dass Sie sich positionieren, etwas begründen oder analysieren.

Einer Fragestellung liegen meist bestimmte Hypothesen zugrunde: So liegt der Fragestellung *Welche Auswirkungen hat ein Rückgang des Wirtschaftswachstums auf die Geldpolitik?* die Hypothese zugrunde, dass sich ein Rückgang des Wirtschaftswachstums auf die Geldpolitik auswirkt. Diese Annahme muss daher im Rahmen der Arbeit offengelegt und begründet werden – jedoch so knapp wie möglich, da sie nicht Gegenstand der Untersuchung ist.

Im Gegensatz zur Forschungsfrage wird mit einer darstellungsleitenden **Hypothese** etwas behauptet oder vermutet. Es scheint hier also bereits eine naheliegende Antwort auf eine Forschungsfrage zu geben. Eine Hypothese ist jedoch ebenfalls offen: Es spricht zwar Vieles dafür, dass die Hypothese zutrifft, aber es ist unklar, ob sie haltbar ist. Wenn Sie Ihr Erkenntnisinteresse als Hypothese formulieren, ist es in der Arbeit Ihre Aufgabe, diese Hypothese anhand verschiedener Pro- und Contra-Argumente zu diskutieren und auf dieser Grundlage zu ihrer Bekräftigung oder Widerlegung zu gelangen. Im Schlusskapitel fassen Sie dann sowohl die wichtigsten Argumente als auch das Ergebnis der Diskussion zusammen.

Beispiel: Der Autor einer Seminararbeit mit dem Titel *Staatliche und private Personaldienstleitungen aus Sicht von Arbeitnehmern* verfolgt die Hypothese, dass das Job-Matching privater Arbeitsvermittler dem der staatlichen überlegen ist. Er begründet seine Hypothese damit, dass private Arbeitsvermittler über bessere Anreizstrukturen verfügen (z. B. Boni bei erfolgreicher Vermittlung). Für ein gutes Job-Matching muss der Arbeitsvermittler erhebliche Suchkosten aufwenden. Der Aufwand, den der Arbeitsvermittler betreibt, ist für den Arbeitssuchenden nur schwer zu kontrollieren. Dies führt zu einer Informationsasymmetrie zwischen dem Arbeitssuchenden (Auftraggeber) und dem Arbeitsvermittler (Auftragnehmer). Daher untersucht der Autor der Seminararbeit die beiden Formen der Personaldienstleitung mithilfe der Prinzipal-Agent-Theorie. Auf der Grundlage der Ergebnisse diskutiert er anschließend, ob seine Hypothese haltbar ist.

Um sich für einen Fokus zu entscheiden, der Ihnen ermöglicht, eigenständig zu argumentieren, sollten Sie zunächst möglichst viele Fragestellungen und Hypothesen zu Ihrem Thema formulieren. Erst im nächsten

Schritt sollten Sie dann entscheiden, welche der Formulierungen aus Ihrer Sicht am besten für Ihre Arbeit geeignet ist.

Um möglichst vielfältige Fragestellungen und Hypothesen zu erhalten, empfehlen Beinke et al. (2008, S. 22ff.), einen Katalog zu erstellen. Dazu sammeln Sie schriftlich jeweils alle Fragen und alle Hypothesen, die Ihnen zum Thema der Arbeit einfallen – zunächst völlig unsortiert und ohne Ideen auszulassen. Für das Thema Hochschulmarketing kann ein Fragenkatalog beispielsweise so aussehen:

Fragenkatalog: Hochschulmarketing
als Personalmarketingstrategie

- Was ist Hm. (Marketing an oder von Hochschulen)?
- Was sind die Ziele, die mit Hm. verbunden werden?
- Welche Hochschulmarketingmaßnahmen gibt es?
- Für welche Unternehmen ist Hm. sinnvoll?
- Welche unternehmensseitigen Faktoren spielen neben Größe, Lage, Struktur, Branche des Unternehmens eine Rolle bei der Entscheidung, für welches Unternehmen Hm. sinnvoll ist?
- Gibt es Hochschulmarketingmaßnahmen, die für bestimmte Unternehmen sinnvoller sind als für andere?
- Unter welchen Bedingungen ist Hm. besonders erfolgreich?
- Wer verbindet Ziele mit Hm.?
- Welche Hochschulmarketingmaßnahmen sind für welchen Unternehmenstyp sinnvoll?

Abb. 16: Fragenkatalog

Ein Hypothesenkatalog kann zum selben Thema so aussehen:

Hypothesenkatalog: Hochschulmarketing
(als Personalmarketingstrategie)

- Nicht jede Form des Hochschulmarketings eignet sich für jedes Unternehmen.
- Umso größer das Unternehmen selbst und der Bedarf an Absolventen, umso eher ist Hm. sinnvoll.
- Ziel der Nutzung von Hm. ist es, mit möglichst geringen Kosten und durch die Reduktion von Jnformationsasymmetrien möglichst besonders gutes Personal zu gewinnen.
- Hm. ist Jmagearbeit für Unternehmen.
- Unterschiedliche Maßnahmen des Hm. eignen sich für unterschiedliche Unternehmenstypen.
- Für KMU bietet sich Hm. nur an, wenn sie in der Region der Hochschule ansässig sind.
- Praktika als Hm.-Maßnahme bieten sich nur für Unternehmen mit guten Arbeitsbedingungen an.
- Hochschulmarketing lohnt sich nur für Unternehmen, die attraktive Jobangebote haben.

Abb. 17: Hypothesenkatalog

Wie Sie sehen, können Sie mit beiden Verfahren zum selben Thema unterschiedliche Ergebnisse gewinnen. So wird in diesem Fall im Hypothesenkatalog deutlicher, wie der Gegenstand analysiert werden könnte, im Fragenkatalog hingegen, welche Begriffe definiert und erläutert werden sollten.

Die gesammelten Fragen und Hypothesen sollten Sie im nächsten Schritt sortieren. Lassen Sie sich dabei von folgenden Fragen leiten:

- Können Sie sich bereits für eine leitende Fragestellung oder Hypothese entscheiden?
- Gibt es Fragen/Hypothesen, die nur über den Umweg der Klärung anderer Fragen/Hypothesen zu beantworten sind?

- Gibt es Fragen/Hypothesen, die einander sehr ähnlich sind, und andere, die eher herausfallen?
- Finden Sie Überschriften für ähnliche oder zusammengehörige Fragen/Hypothesen?

Schreiben Sie nun die Fragen oder Hypothesen so auf, dass die ermittelten Relationen deutlich werden.

Ein sortierter Fragenkatalog kann beispielsweise so aussehen:

Leitende Fragestellung: Welche Hochschulmarketingmaßnahmen sind für welchen Unternehmenstyp sinnvoll?

Was ist Hm. (Marketing an oder von Hochschulen)?

- Was sind die Ziele, die mit Hm. verbunden werden?
- Welche Hochschulmarketingmaßnahmen gibt es?

Für welche Unternehmen ist Hm. sinnvoll?

- Welche unternehmensseitigen Faktoren spielen neben Größe, Lage, Struktur, Branche des Unternehmens eine Rolle bei der Entscheidung, für welches Unternehmen Hm. sinnvoll ist?
- Gibt es Hochschulmarketingmaßnahmen, die für bestimmte Unternehmen sinnvoller sind als für andere?

~~- Unter welchen Bedingungen ist Hm. besonders erfolgreich?~~

~~- Wer verbindet Ziele mit Hm?~~

Abb. 18: Sortierter Fragenkatalog

In diesem Beispiel hat sich die Autorin bereits für eine leitende Fragestellung ihrer Masterarbeit entschieden. Ausgehend von dieser Fragestellung konnte sie einige Fragen streichen und die verbleibenden nach Über- und Unterordnungen sortieren. Dadurch wurden bereits Teilbereiche des Themas ersichtlich, die sie bearbeiten wird.

Wenn Sie auf diese Weise eine darstellungsleitende Fragestellung oder Hypothese festgelegt haben, sollten Sie sich zehn Minuten Zeit nehmen, sie zu hinterfragen. Reflektieren Sie dafür folgende Fragen:

- Was glauben Sie herauszufinden?
- Wie könnte die Antwort auf die Frage oder das Ergebnis der Diskussion der Hypothese aussehen? Ist es wirklich das, was Sie herausfinden wollen?
- Für wen könnte das, was Sie herausfinden, relevant sein?
- Bietet Ihnen die Fragestellung oder die Hypothese Raum für eine argumentative Bearbeitung?

Wenn Sie nach der Beantwortung der Fragen zu dem Schluss kommen, keine geeignete Frage oder Hypothese gefunden zu haben, bestehen verschiedene Möglichkeiten:

- Beziehen Sie eine Theorie oder ein Modell in die Fragestellung oder Hypothese ein, die bzw. das für Ihr Thema sinnvoll ist. (*Wie unterscheiden sich staatliche und private Personaldienstleistungen vor dem Hintergrund der Prinzipal-Agent-Theorie?*)
- Lesen Sie sich etwas (!) weiter in das Thema ein und suchen Sie gezielt nach umstrittenen Positionen oder Sachverhalten.
- Falls Sie vermuten, dass Ihr Thema zu groß gewählt ist, erhalten Sie in Kapitel 3.4 Anregungen, wie Sie es eingrenzen können.
- Und wenn auch das nicht hilft: Schildern Sie Ihrem Betreuer Ihr Problem und bitten Sie ihn um Unterstützung!

Weil den meisten wirtschaftswissenschaftlichen Arbeiten eine Fragestellung zugrunde liegt, werden wir im Folgenden nur noch diesen Begriff nutzen. Falls Sie in Ihrer Arbeit eine Hypothese diskutieren, gelten die entsprechenden Informationen dennoch auch für Sie.

3.3 Die Gliederung entwerfen

Die Gliederung Ihrer wissenschaftlichen Arbeit hat die Funktion, den Leser darüber zu informieren, auf welchem Weg Sie Ihr Thema bearbeiten. Welche formalen und strukturellen Vorgaben für Gliederungen gelten, erfahren Sie in Kapitel 3.3.1. Wie Sie vorgehen können, um zu einer sinnvollen Gliederung zu gelangen, erfahren Sie in Kapitel 3.3.2.

3.3.1 Vorgaben und Konventionen

Der Weg, auf dem Sie Ihr Thema bearbeiten, muss systematisch, nachvollziehbar und auf das Ziel der Arbeit ausgerichtet sein. Da Ihre Gliederung den Weg abbildet, muss auch sie diese Eigenschaften aufweisen. Für die Gliederung gelten daher folgende formale Kriterien und Konventionen:

- Da die gesamte Arbeit darauf ausgerichtet ist, das Thema zu bearbeiten, darf weder ein Unterkapitel noch eines der ersten Kapitel den Titel der Arbeit tragen.
- Die Gliederung muss sämtliche Aspekte abdecken, die zur Bearbeitung Ihres Themas erforderlich sind. Im Idealfall ist dies daran erkennbar, dass alle zentralen Wörter aus dem Titel in der Gliederung aufgegriffen werden. Ein Beispiel dafür finden Sie in Kapitel 2.3.2.
- Die Gliederung darf nur Aspekte abdecken, die zur Bearbeitung Ihres Themas erforderlich sind. Wenn Sie beispielsweise untersuchen, welche Auswirkungen ein Rückgang des Wirtschaftswachstums auf die Geldpolitik hat, sollten Sie keine Auswirkungen des Wirtschaftswachstums auf andere Aspekte beschreiben.
- Die Gliederung sollte abbilden, welchen Schwerpunkt Sie in Ihrer Arbeit setzen. Im Idealfall nehmen also die für das Ziel der Arbeit wichtigsten Kapitel auch den meisten Raum ein. Doch gilt dies nicht immer: Wenn beispielsweise das Ziel Ihrer Arbeit ist, ein Modell zu entwickeln, nimmt die Darstellung des Modells vermutlich nur wenig Raum ein, die Herleitung jedoch sehr viel. Falls Sie unsicher sind, ob die Schwerpunktsetzung der Arbeit anhand der Gliederung sichtbar wird, sollten Sie dies mit dem Betreuer klären.
- Die Überschrift eines Kapitels muss so präzise wie möglich bezeichnen, was in dem Kapitel oder den Unterkapiteln dargestellt wird, sie darf also weder zu viel noch zu wenig ankündigen. In dieser Hinsicht ist die Überschrift zu Kapitel 2 im folgenden Beispiel unzulässig, weil eine weitere Auswirkung in Kapitel 3 dargestellt wird:

2 Auswirkungen des Wirtschaftswachstums
  2.1 Veränderungen im Staatshaushalt
  2.2 Veränderung des Sparverhaltens
  2.3 Veränderung der Kapitalrendite
3 Auswirkungen des Wirtschaftswachstums auf die Geldpolitik

An den Titel einer Arbeit bestehen nahezu dieselben Ansprüche wie an Überschriften von Kapiteln, nur dass bei letzteren sowohl Fragen als auch Titel-Untertitel-Kombinationen unüblicher sind. Daher können Sie Kapitel 3.5 nutzen, um Anregungen für die Formulierung Ihrer Kapitelüberschriften zu finden.

Gleichrangige Gegenstände müssen in der Gliederung auf gleiche Weise berücksichtigt werden. Beispielsweise sind in einer Arbeit, in der Sie Modelle der Paneldatenanalyse vorstellen, statische und dynamische Modelle gleichrangige Gegenstände, die entsprechend auf derselben Gliederungsebene stehen müssen. Folgende Gliederung wäre daher sinnvoll und zulässig:

4.3 Statische Modelle der Paneldatenanalyse
    4.3.1 Gepooltes Ols-Modell
    4.3.2 Fixed-Effects-Modell
    4.3.3 Random-Effects-Modell
4.4 Dynamische Modelle

Unzulässig wäre hingegen bei folgendem Beispiel, dass das Random-Effects-Modell, also eines der statischen Modelle, auf derselben Ebene angesiedelt ist wie die Überschrift zu den weiteren statischen Modellen:

4.3. Statische Modelle der Paneldaten-Analyse
    4.3.1 Gepooltes Ols-Modell
    4.3.2 Fixed-Effects-Modell
4.4 Random-Effects-Modell
4.5 Dynamische Modelle

In der folgenden Beispielgliederung ist unzulässig, dass die dynamischen Modelle den statischen untergeordnet werden:

4.3. Statische Modelle der Paneldaten-Analyse
    4.3.1 Gepooltes Ols-Modell
    4.3.2 Fixed-Effects-Modell
    4.3.3 Random-Effects-Modell
    4.3.4 Dynamische Modelle

- Anhand dieser Beispiele wird ebenfalls deutlich, dass zur gleichartigen Behandlung gleichrangiger Sachverhalte gehört, dass die Gliederung mithilfe der Kapitelstruktur Unter- und Überordnungen abbildet.

- Auf jedes Unterkapitel muss mindestens ein zweites folgen, d. h. einem Kapitel 2.1. muss immer (mindestens) ein Kapitel 2.2 folgen. Falls Sie vor dem Problem stehen, dass Sie zu einem Hauptkapitel lediglich ein Unterkapitel anlegen müssten, sollten Sie beide Inhalte im Hauptkapitel bearbeiten. Falls beide gleich relevant sind, können Sie sie in die Überschrift des Hauptkapitels integrieren (beispielsweise „Vom individuellen Angebot polypolistischer Unternehmer zum Marktangebot", gefunden bei Roth, Steffen J. 2007. VWL für Einsteiger. Eine anwendungsorientierte Einführung. 2. Aufl. Stuttgart: UTB Lucius & Lucius, Kapitel 5).Wenn jedoch der untergeordnete Inhalt für Ihre Arbeit wichtiger ist, können Sie das Kapitel nach ihm benennen („Das individuelle Angebot polypolistischer Unternehmer" (angelehnt an Roth, 2007)).
- Weil eine Kapitelüberschrift stets als Überbegriff für die Unterkapitel fungiert, ist es (meist) unnötig, in den Titeln der Unterkapitel Begriffe aus dem Titel der Hauptkapitel aufzugreifen. Daher wäre an diesem Beispiel überflüssig, dass bei 2.1 und 2.2 „im Zivilprozess" steht:

2 Kostenteilungsregeln in Zivilprozessen
    2.1 Die English Rule im Zivilprozess
    2.2 Die American Rule im Zivilprozess

- Wenn Sie in Kapitelüberschriften zwei Aspekte mit „und" verbinden, sollten Sie sich den Zusammenhang zwischen den Aspekten vergegenwärtigen und nach Möglichkeit ausformulieren. So sagt die Überschrift *Das individuelle Angebot polypolistischer Unternehmer und der Markt* nichts über den Zusammenhang der beiden Aspekte aus, die Überschrift *Vom individuellen Angebot polypolistischer Unternehmer zum Marktangebot* informiert bereits über die Richtung der Darstellung.

Tipp

>> Vergleichen Sie mehrere Gliederungen wissenschaftlicher Texte und orientieren Sie sich an ihnen.

Für die **Gliederungstiefe** von wissenschaftlichen Arbeiten gilt, dass Untergliederungen von mehr als vier Ebenen (beispielsweise: 2.1.1.3) unüblich sind. Je nach Thema und Länge der Arbeit kann es Ihnen zwar sinnvoll erscheinen, Ihre Arbeit tiefer zu gliedern, doch sollten Sie dies nur, wenn jedes Unterkapitel eine Mindestlänge aufweist (wir empfehlen 2 Absätze) und Ihr Prüfer keine Einwände erhebt.

Sollte Ihre Gliederung in einem ersten Entwurf mehr als vier Gliederungsebenen umfassen, Sie aber eine knappere Gliederung bevorzugen, wäre eine Möglichkeit, dass Sie die unteren Ebenen nur mit Zwischenüberschriften versehen, aber nicht nummerieren oder dass Sie in den entsprechenden Abschnitten vorweg beschreiben, welche Aspekte Sie in dem Kapitel behandeln und wie sie zusammenhängen (vgl. Kap. 8.2). Aber: Manche Prüfer erwarten, dass alle Kapitel und Unterkapitel jeweils in etwa gleich lang sind. Versuchen Sie also in Erfahrung zu bringen, welche Vorlieben Ihr Prüfer hat, falls es für Sie relevant ist.

Es gibt unterschiedliche **Gliederungsschemata**, das sog. numerische und das alpha-numerische. Nach dem numerischen Prinzip werden die einzelnen Kapitel und Unterkapitel mit Ziffern, entweder arabisch oder römisch, bezeichnet. Beim alpha-numerischen Prinzip werden römische und/oder griechische Buchstaben, arabische und/oder römische Zahlen miteinander kombiniert. Egal für welches der beiden Prinzipien Sie sich entscheiden, Sie können die Gliederung entweder linksbündig formatieren (das wird als Linienprinzip bezeichnet) oder Unterkapitel gestaffelt einrücken (das wird als Abstufungsprinzip bezeichnet). Falls Sie keine Vorgaben vom Lehrstuhl und keine eigene Vorliebe haben, empfehlen wir Ihnen die numerische Gliederung mit Abstufungsprinzip, weil sie am häufigsten genutzt wird.

Tipp

Viele Textverarbeitungsprogramme bieten die Möglichkeit, die Gliederung zu automatisieren. In Kapitel 6.2 beschreiben wir, wie das mit MS Word geht.

3.3.2 Verbreitete formale Fehler

In dieser Abbildung sehen Sie die Fehler, die häufig bei der Formatierung des Inhaltsverzeichnisses gemacht werden:

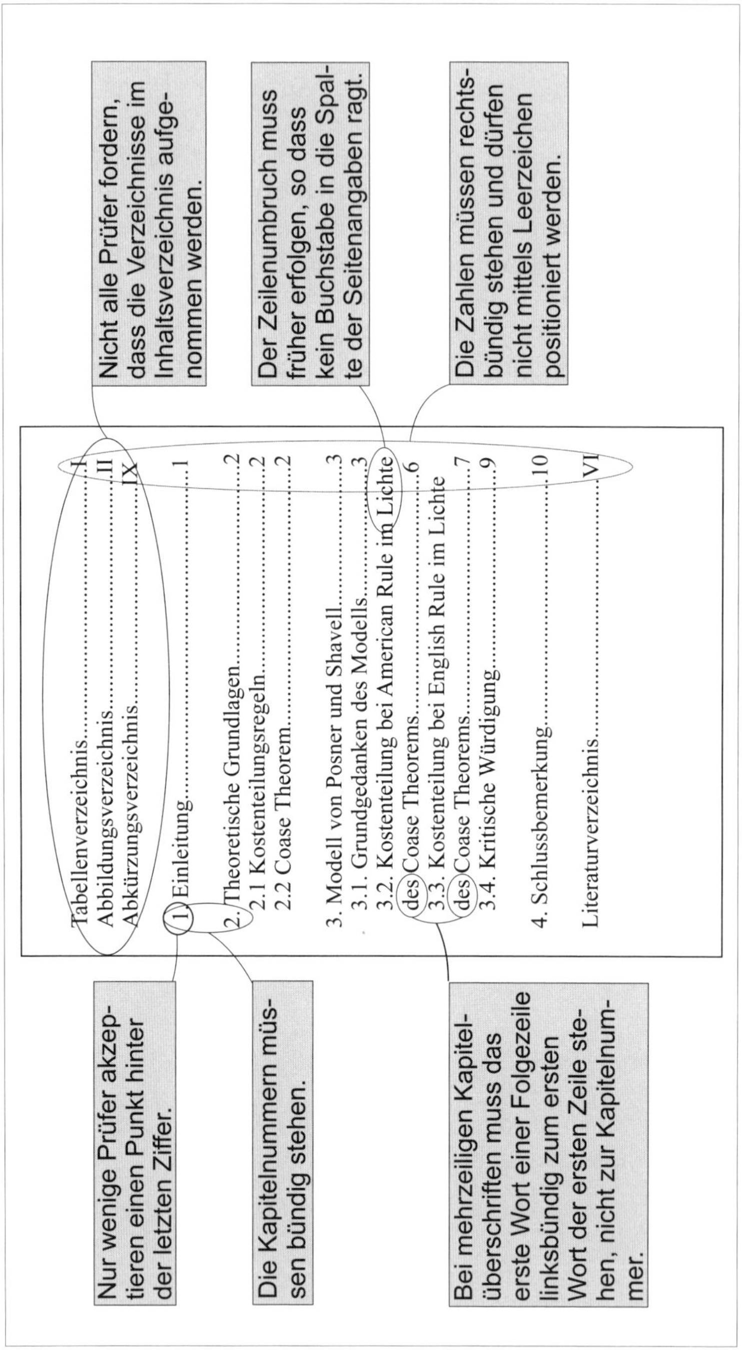

Abb. 19: Formal fehlerhafte Gliederung

3.3.3 Ein Weg zur Gliederung

Oft legen Studierende die Gliederung sukzessive beim Schreiben der Arbeit an, weil sie glauben, dass es in diesem frühen Stadium nicht möglich ist, eine Gliederung zu entwerfen. Und tatsächlich: Weil Sie bei der weiterführenden Recherche neue Erkenntnisse erlangen, müssen Sie die Gliederung möglicherweise später ändern. Dennoch ist es aus mehreren Gründen wichtig, bereits jetzt eine erste Fassung der Gliederung festzulegen:

- Ihre Fragestellung bestimmt bereits zum Teil, wie Sie vorgehen sollten. Das bedeutet: Einige Gliederungspunkte stehen jetzt bereits fest und es ist daher sinnvoll, sie sich bewusst zu machen.
- Mithilfe der Gliederung können Sie zielgerichtet recherchieren: Sie können die Quellen suchen, die für die Bearbeitung der Kapitels hilfreich sind, und sie genau dort notieren, wo Sie sie beim Schreiben benötigen.
- Mithilfe der Gliederung können Sie zielgerichteter schreiben: Solange Sie nicht wenigstens grob wissen, wie Sie in Ihrer Arbeit vorgehen möchten, können Sie auch nicht wissen, welche Informationen für Ihre Arbeit wichtig sind.
- Sie können sich bereits in diesem frühen Stadium Rückmeldung zu Ihrer Gliederung holen, zum Beispiel vom Betreuer oder von interessierten Kommilitonen. Sie vermeiden auf diese Weise also unnötige Arbeit.

Um eine Gliederung zu entwerfen, können Sie wie folgt vorgehen: Schreiben Sie die Fragestellung auf einen Zettel und analysieren Sie sie: Welche Wörter, die Sie darin verwenden, haben einen großen Stellenwert für Ihre Arbeit? Was genau muss mit diesen Wörtern passieren: Müssen sie definiert, erläutert, hergeleitet oder diskutiert werden? Bezeichnen sie den Gegenstand Ihrer Analyse oder die Methode, mit der Sie vorgehen? Welche Antwort auf die Frage bzw. welches Ergebnis der Diskussion erwarten Sie? Welches Vorgehen könnte sinnvoll sein, um zu diesem Ergebnis zu gelangen? Sie können die Antworten auf diese Fragen beispielsweise so notieren:

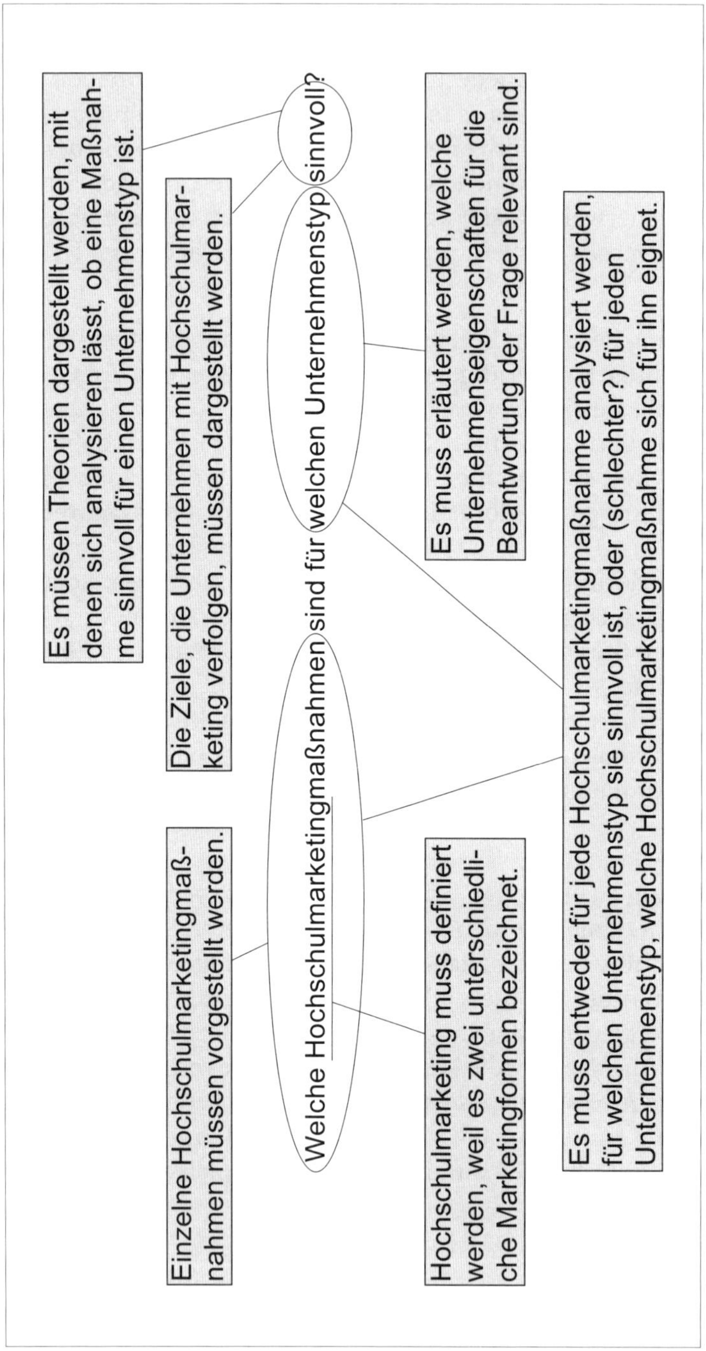

Abbildung 20: Analyse der Fragestellung

Wie Sie anhand des Beispiels sehen, werden bereits Schwerpunkte und Vorgehensweisen für Ihre Arbeit sichtbar, die Sie in Ihrer Gliederung berücksichtigen müssen.

Vergleichen Sie nun Ihre ersten Ideen zu Ihrer Arbeit mit den Beispielgliederungen in Kapitel 3.1 und mit dem im Folgenden beschriebenen Standardaufbau einer wissenschaftlichen Arbeit:

- Sehr wahrscheinlich sind die ersten Kapitel nach der Einleitung den Begriffen gewidmet, die Sie näher ausführen möchten. Sie können den Untersuchungsgegenstand der Arbeit bezeichnen, aber auch das Modell oder die Theorie, mit der Sie den Gegenstand bearbeiten werden. Möglicherweise wollen Sie den Gegenstand bzw. die Theorie oder das Modell definieren, erläutern, in den Diskurs einordnen, den Forschungsstand skizzieren, Studien vorstellen o. Ä. So ist es für die obige Fragestellung erforderlich, in einem Theorieteil die Kosten-Nutzen-Theorie und die Prinzipal-Agent-Theorie einzuführen, unterschiedliche Formen des Hochschulmarketings und den potenziellen Nutzen dieser Formen für Unternehmen darzustellen und analyserelevante Unternehmenseigenschaften darzustellen. Vor allem bei Abschlussarbeiten sollten Sie zudem die Literatur zum Thema aufarbeiten: Welche Erkenntnisse gibt es bereits darüber, für welche Unternehmen sich welche Form des Hochschulmarketings anbietet? Wie wurden diese Erkenntnisse gewonnen und wie unterscheidet sich das eigene Vorgehen davon? Mit diesen Ausführungen kann Ihr Theorieteil beginnen.
- Die folgenden Kapitel erfüllen meist die Funktion, den Fragewörtern gerecht zu werden: Hier werden beispielsweise Zusammenhänge zwischen Gegenstand und Modell aufgezeigt, Vor- und Nachteile diskutiert, empirische Studien ausgewertet o. Ä.
- Für die genannte Fragestellung bedeutet dies, dass die einzelnen Formen des Hochschulmarketings mit Hilfe der genannten Theorien dahingehend analysiert werden, für welche Unternehmen sie sinnvoll sind.
- Anschließend ist es vor allem bei längeren und bei empirischen Arbeiten oft sinnvoll, in einem Kapitel Ihre Ergebnisse vorzustellen und zu diskutieren. Das wäre im Fazit dann nur noch sehr kurz erforderlich. Falls Ihre Ergebnisse sehr knapp zu formulieren sind oder in der Analyse bereits benannt wurden, ist so ein Kapitel nicht erforderlich.
- In der genannten Beispielarbeit würden hier die Ergebnisse der Analyse prägnant zusammengefasst und in den Zusammenhang zu den bisherigen Ergebnissen gebracht. Inwiefern stimmen die Ergebnisse überein

oder unterscheiden sich? Wie können diese Unterschiede begründet werden? Inwiefern sind die Ergebnisse der eigenen Analyse repräsentativ?

Nehmen Sie dann ein neues Blatt. Schreiben Sie oben beispielsweise „1. Einleitung“ und unten „Fazit“ hin. Vervollständigen Sie diese erste Gliederung schrittweise, indem Sie sich entweder am beschriebenen Standardaufbau oder an einer der Beispielgliederungen orientieren.

Da Sie sich bislang noch nicht intensiv in Ihr Thema eingelesen haben, sind Sie sich vielleicht bei einigen Gliederungspunkten sicher, bei anderen weniger. Markieren Sie ein Kapitel beispielsweise mit Fragezeichen, bei dem Sie unsicher sind, und setzen Sie bei diesen Unklarheiten mit der vertieften Recherche an, um die Gliederung schnellstmöglich fertig stellen zu können.

Fragestellung: Welche Hochschulmarketingmaßnahmen sind für welchen Unternehmenstyp sinnvoll?

(Erster Entwurf der Gliederung)

1 Einleitung

2 Hochschulmarketing
  2.1 Definition und Erläuterung
  2.2 Maßnahmen
  2.3 Ziele

3 Theorien
  3.1 Prinzipal-Agent-Theorie — Klären: Gibts geeignetere Theorien?
  3.2 Kosten-Nutzen-Theorie

4 Analyserelevante Unternehmenscharakteristika

5 Analyse der Eignung von Hochschulmarketingmaßnahmen für Unternehmen
  5.1 Hochschulmessen
  5.2 Stipendienvergabe
  5.3 Printmedien
  5.4 Praktika
  5.5 Werkstudententätigkeiten
  (5.6?-x?)
  5.x Diskussion der Ergebnisse

  (zu 5.1–5.x: Jeweils den Nutzen mithilfe der Theorien klären und Schlüsse für jedes Unternehmenscharakteristikum ziehen.)

6 Fazit

Abb. 21: Erste Fassung der Gliederung

Übung

Vergleichen Sie die erste Fassung Ihrer Gliederung mit den Beispielgliederungen in Kapitel 3.1. Erkennen Sie die Gliederungslogik wieder, die Ihrem Typ von Arbeit entspricht? Können Sie Abweichungen von der Beispielgliederung begründen?

3.4 Das Konzept der Arbeit prüfen

Erfahrungsgemäß sind viele Arbeiten in diesem frühen Stadium zu groß angelegt. Wenn Sie einen ersten Gliederungsentwurf erstellt haben, ist es daher sinnvoll zu prüfen, ob Sie Ihre Planung auf der vorgegebenen Seitenzahl für umsetzbar halten. Dieses Vorgehen ist aus zwei Gründen hilfreich:

1) Sie entwickeln frühzeitig ein Gefühl dafür, ob Sie sich zu viel oder zu wenig vorgenommen haben und können dementsprechend Ihr Thema weiter eingrenzen.
2) Sie können beim Schreiben des Textes immer wieder prüfen, ob Ihre Planung stimmt, und das Thema frühzeitig weiter eingrenzen, falls es nötig werden sollte.

Formulieren Sie dafür zunächst in Stichpunkten, welche Aspekte Sie unter den einzelnen Überschriften behandeln möchten. Die Aspekte, die Sie mit Sicherheit behandeln werden, sollten Sie markieren. Sie können die Kapitel wiederum anders markieren, für die Sie noch nicht alle wichtigen Aspekte kennen.

Weil Sie auf diese Weise festlegen, welche Aspekte Sie in den einzelnen Kapiteln bearbeiten, können Sie nun eine grobe Einschätzung notieren, wie lang jedes Kapitel möglicherweise wird. Überlegen Sie anschließend aus einer inhaltlichen Perspektive heraus, ob diese Einschätzung damit übereinstimmt, wie viel Raum jedes einzelne Kapitel einnehmen *sollte*, also beispielsweise, ob das inhaltlich betrachtet wichtigste Kapitel entsprechend lang wird. Falls die Einschätzungen voneinander abweichen, sollten Sie dies mit dem Prüfer besprechen.

Fragestellung: Welche Hochschulmarketingmaßnahmen sind für welchen Unternehmenstyp sinnvoll?

1. Einleitung
   - Relevanz: gute Mögl. der Personalrekrutierung von Absolventen
   - Ziel der Arbeit: für welches U. welche Maßnahme
   - Aufbau der Arbeit

   3

2. Hochschulmarketing
   - Abgrenzung von Marketing der Hs.
   - Ziele: Jmagearbeit, Personalrekrutierung

   2.1 Definition und Erläuterung 2

   2.2 Maßnahmen
   Messen, Stips, Printmedien, Praktika, Werkstud, ... jeweils definieren und Ziel, Zielgruppe, Ablauf etc. beschreiben 10

3. Theorien
   Grundproblem beim Matching: Jnformationsasym.
   - Adverse Selektion, Hold Up

   3.1 Prinzipal-Agent-Theorie
   Signaling, Screening als Lösungen? Schon auf HM beziehen? 5

   3.2 Kosten-Nutzwert-Analyse 3
   Problem der Nutzenermittlung verdeutlichen => daher vielleicht nur Kosten der Maßnahmen ermitteln?

4. Analyserelevante Unternehmenscharakteristika 5-7?
   begründen, warum Branche, Unternehmensgröße, Lage, Unternehmensstruktur (Personalabteilung?) relevante Charakteristika sind.

5. Analyse der Eignung von Hochschulmarketingmaßnahmen für Unternehmen

   5.1 Hochschulmessen

   5.2 Stipendienvergabe

   5.3 Printmedien

   5.4 Praktika

   5.5 Werkstudenten- und Ferienbeschäftigungen

   für jede Maßnahme Kosteneinschätzung + Nutzen durch Abbau von Jnformationsasymmetrien, Reichweite und Aufbau eines positiven Jmages in Beziehung setzen zu den einzelnen Unternehmenscharakteristika

   je 5? = 25

   5.6 Diskussion der Ergebnisse
   Einzelergebisse in Beziehung setzen, systematisieren und auf den Punkt bringen 5

6. Fazit
   Kurze Zusammenfassung, Ergebnisse auf den Punkt bringen, Geltung der Ergebnisse formulieren, Ausblick: Was müsste noch erforscht werden, damit bessere Ergebnisse zum Thema erzielt werden können? 2

   62

Abbildung 22: Angereicherte Gliederung mit Seitenzahleinschätzung

Falls Sie zu dem Schluss kommen, dass Sie Ihr Thema eingrenzen oder ausweiten sollten, haben Sie mehrere Möglichkeiten: Sie können beispielsweise

- noch einmal die Notizen betrachten, die Sie beim Erschließen des Themas angefertigt haben, und daraus einen weiteren Begriff hinzunehmen oder streichen.
- die Fragen- und Hypothesenkataloge daraufhin durchsehen, ob sie Ihnen Anregungen für die Ausweitung oder Eingrenzung des Themas geben.
- den Untersuchungsgegenstand begrenzen oder ausweiten („KMU" statt „Unternehmen", „Automobilbranche" oder „Automobilzuliefererbranche" statt „branchenübergreifend").
- den Untersuchungszeitraum begrenzen oder ausweiten (z. B. „in den ersten zwei Monaten der Finanzmarktkrise" o. Ä.).
- den theoretischen Hintergrund begrenzen oder erweitern („mit Hilfe der Prinzipal-Agent-Theorie und der Transaktionskostentheorie", „in Bezug auf das Signaling").
- räumliche Begrenzungen erweitern oder einschränken („in Deutschland" → „in Norddeutschland" → „in Hamburg"; „in Deutschland" → „in Europa" oder „in Deutschland und den Niederlanden im Vergleich").
- einen Vergleich zwischen dem von Ihnen gewählten Untersuchungsgegenstand und einem geeigneten weiteren Gegenstand vornehmen.

Nicht jede Eingrenzung und Ausweitung ist für jedes Thema sinnvoll. Notieren Sie daher die Gründe, aus denen Sie sich für eine Form der Eingrenzung oder Ausweitung entscheiden, und teilen Sie sie dem Leser bereits in der Einleitung mit (vgl. Kap. 9.3). Es sollte sich immer um sachliche Gründe handeln, nicht um individuelle: Wenn Sie die Auswirkungen staatlicher Sozialausgaben auf Kinderarmut untersuchen, sollten Sie beispielsweise nicht Deutschland mit Frankreich und den Niederlanden vergleichen, weil Sie beide Länder gern mögen, sondern z. B. Deutschland mit Italien und Finnland, weil Kinderarmut in dem einen Land besonders häufig, im anderen besonders selten ist.

Übung

Nehmen Sie sich zehn Minuten Zeit, um das Thema, die Fragestellung und die erste Fassung Ihrer Gliederung zu reflektieren. Beantworten Sie dafür folgende Fragen:

- Welche der in Kapitel 2.3 beschriebenen Teilaufgaben könnten bei Ihrem Thema besonders einfach sein? Warum?
- Welche Teilaufgaben könnten problematisch werden? Warum?
- Inwiefern ist die gewählte Theorie, das gewählte Modell oder der gewählte Ansatz geeignet zur Untersuchung des Gegenstands? Welche andere Theorie, welches andere Modell oder welcher andere Ansatz wäre vielleicht zusätzlich oder stattdessen geeignet? Aus welchen Gründen entscheiden Sie sich für genau die gewählte Theorie bzw. das Modell oder den Ansatz?
- Für welche Passagen haben Sie bereits Ideen zu Inhalten, zum roten Faden oder zu Formulierungen?
- Aufgrund welcher Eigenschaften von Thema, Titel, Fragestellung oder Arbeitsgliederung könnte die Arbeit scheitern?

Wenn Sie bei diesen Überlegungen potenzielle Problembereiche identifizieren, entscheiden Sie, ob Sie sie im Hinterkopf behalten, ob Sie sie im Gespräch mit dem Prüfer klären, ob Sie Kommilitonen, Freunde oder Familienmitglieder um Hilfe bitten oder ob Sie die entsprechenden Kapitel in diesem Ratgeber nachlesen.

3.5 Den Titel der Arbeit formulieren

Die Funktion des Titels ist es, den Leser darüber zu informieren, wovon der folgende Text handelt. Er muss einen engen Bezug zum Thema, zur Fragestellung und zur Gliederung aufweisen. Gelegentlich kann es vorkommen, dass Titel und Thema oder auch Titel und Fragestellung identisch sind. Dies ist jedoch eher die Ausnahme.

Vergegenwärtigen Sie sich daher, welche Wörter aus dem Thema und der Fragestellung gut widerspiegeln, was Sie in Ihrer Arbeit herausfinden möchten. Der Titel sollte nach Möglichkeit weder zu viel noch zu wenig versprechen. Wenn Sie eine Idee für einen Titel haben, können Sie dies prüfen, indem Sie ihn Kommilitonen vorstellen und sie fragen, welche Erwartungen er bei ihnen auslöst. Wenn sich deren Antwort mit Ihren Plänen deckt, haben Sie den Titel in dieser Hinsicht gut gewählt.

Titel sollten so kurz wie möglich, aber so lang wie nötig sein. Trotz der gebotenen Kürze sollten Sie auf Abkürzungen weitestgehend verzichten. Nur in Ausnahmefällen können Sie konventionalisierte Abkürzungen wie „z. B." verwenden. Weil Titel kurz sein sollen, werden sie meist nicht als vollständiger Satz formuliert (auch nicht als Fragesatz), sondern mithilfe von Nominalphrasen und in der Fachsprache.

Oft wird der Titel durch einen Untertitel ergänzt. Dann bezeichnet der Titel entweder den Gegenstand oder liefert mit einer Interesse weckenden Formulierung einen Aufhänger, wie es in Journal-Artikeln verbreitet ist. Beispiele dafür sind: *Lessons from an ‚Oops' at Consumer Reports: Consumers Follow Experts and Ignore Invalid Information* (Simonsohn, 2011) oder *It's Not What You Get but When You Get It: The Effect of Gift Sequence on Deposit Balances and Customer Sentiment in a Commercial Bank* (Haisley und Loewenstein, 2011). Der Untertitel gibt dann Auskunft darüber, was Sie in der Arbeit tun, oder führt das Thema weiter aus. Doch Vorsicht: Nicht alle Prüfer schätzen diese Art von Aufhängern. Sicherer ist es daher, den Titel neutraler zu formulieren. Für das Thema, das in diesem Kapitel zur Veranschaulichung gewählt wurde, könnte der Titel so aussehen:

Hochschulmarketing als Personalmarketingmaßnahme – eine Analyse der Eignung ausgewählter Hochschulmarketingmaßnahmen für unterschiedliche Unternehmenstypen

Tipp

» Schauen Sie sich Titel wissenschaftlicher Publikationen an: Welche Titel finden Sie gut gewählt? Wie sind sie formuliert? Wie lang oder kurz sind sie? Welche Titel finden Sie eher ungeeignet?

4 Gespräch(e) mit dem Betreuer

Wie gut Ihre Arbeit benotet wird, hängt maßgeblich davon ab, ob Sie die Anforderungen Ihres Prüfers umgesetzt haben. So unterscheidet sich beispielsweise je nach Prüfer oder Lehrstuhl

- wie lang die Arbeit werden muss,
- ob Ihnen das Thema vorgegeben wird oder Sie es festlegen,
- ob Sie Einstiegsliteratur erhalten,
- wie die Arbeit formatiert werden soll,
- ob Sie Quellenangaben in Fußnoten oder im Text positionieren sollen,
- ob Sie besondere Aspekte berücksichtigen müssen, z. B. beim Aufbau der Arbeit oder beim Stil.

Die meisten Lehrstühle informieren Sie über diese Aspekte auf ihrer Homepage oder in Leitfäden zur Erstellung wissenschaftlicher Arbeiten, die Sie entweder online finden oder die Ihnen im Beratungsgespräch oder in einer Seminarsitzung zur Verfügung gestellt werden.

Neben der Handhabung dieser Vorgaben unterscheiden sich Betreuer ebenfalls teilweise erheblich in ihren Anforderungen an wissenschaftliche Arbeiten. Diese Unterschiede betreffen besonders häufig

- die Gewichtung sprachlicher, formaler und inhaltlicher Kriterien im Rahmen der Benotung. Für einige Prüfer muss eine Arbeit ohne Schwächen sein, damit sie eine sehr gute Note vergeben, andere empfinden sprachliche oder formale Aspekte im Vergleich zu den inhaltlichen als weniger relevant und vergeben dementsprechend auch eine sehr gute Note, wenn sich in diesen Bereichen Schwächen finden.
- das Leistungsniveau, das sie von Ihnen erwarten. So betrachten einige Lehrende Seminar- und Hausarbeiten als Lernanlass und Sie können dementsprechend für die erste Hausarbeit im Bachelorstudiengang eine Eins bekommen, die in der Masterphase nur noch mit einer Drei benotet würde.
- inhaltliche Anforderungen. So erwarten einige Betreuer primär, dass Sie Quellen angemessen wiedergeben, andere, dass Sie die aktuellsten und relevantesten Quellen bearbeiten, die meisten aber, dass Sie nachvollziehbar argumentieren.
- die Haltung zu dem Wort „ich“. Die meisten Betreuer empfinden es als unwissenschaftlich. Einige erwarten stattdessen aktivische Formulie-

rungen (*Kapitel 2 stellt dar ...*), andere fordern Alternativformulierungen wie *„die Verfasserin dieser Arbeit"*, *„wir"* oder *„man"*, die meisten jedoch passivische Formulierungen (*In Kapitel 2 wird dargestellt*).

- die Erwartungen daran, ob unter der Überschrift eines Hauptkapitels Text stehen soll. Einige fordern, dass Hauptkapitel leer bleiben, andere, dass dort ein Text steht, der Auskunft über das Vorgehen in den folgenden Unterkapiteln gibt, wieder andere empfinden solche Texte als überflüssig und erwarten dort inhaltliche Ausführungen. Immer gilt jedoch: Handhaben Sie einheitlich, ob bzw. welche Art von Informationen Sie unter die Überschrift eines Hauptkapitels schreiben.
- die Darstellung der Vorgehensweise. Einige Betreuer schätzen es, wenn Studierende ihre Vorgehensweise beschreiben und begründen, andere empfinden dies als überflüssig und erwarten entsprechend von Ihrer Arbeit, dass sie ohne Erläuterungen verständlich ist. Auch Vorverweise (*Dieser Aspekt wird in Kapitel 3 vertiefend aufgegriffen.*) und Rückbezüge (*In Kapitel zwei wurde dargestellt ...*) schätzen einige Betreuer, andere deuten sie als Zeichen unstrukturierten Arbeitens.
- Fußnoten. Einige Betreuer schätzen es, wenn dort weiterführende Informationen gegeben werden, andere stört dies.
- Aspekte, die sie in den einzelnen Kapiteln erwarten, vor allem in Einleitung und Fazit.
- den Stil. So schätzen einige Betreuer eher lange Sätze oder eher kurze, eher einen sehr verdichteten Schreibstil oder einen an Verständlichkeit ausgerichteten, manche dulden eher Umgangssprache, andere eher Schwächen im Fachsprachengebrauch etc.

Das Gespräch mit dem Betreuer ist Ihre Chance zu erfahren, welche Anforderungen er an Ihre Arbeit stellt und wie Sie sie am besten erfüllen können. Doch sind nur wenige Betreuer bereit, alle Fragen zu beantworten, die sinnvoll zu stellen wären. Klären Sie daher zunächst die Qualität der Betreuung, also beispielsweise wie oft und mit welchen Fragen Sie sich an den Betreuer wenden können. Überlegen Sie dann, welche Fragen Sie Ihrem Betreuer stellen möchten und welche Sie anderweitig klären können, beispielsweise durch

- Nachlesen in Studien- oder Prüfungsordnungen. Sie geben eine grobe Orientierung, welche Aspekte an der jeweiligen Universität oder Fachhochschule wichtig sind.
- das Gespräch mit Kommilitonen, die bei Ihrem Betreuer bereits eine Arbeit geschrieben haben. Was wurde an ihren Arbeiten kritisiert, was

wurde gelobt? Welche Tipps können sie Ihnen geben? Bewerten Sie die Einschätzungen Ihrer Kommilitonen jedoch nur als Indiz und lassen Sie sich von schlechten Erfahrungen nicht beeinflussen: Sie schreiben zwar beim selben Betreuer, haben jedoch ein anderes Thema und eine andere Beziehung zu ihm.

- die Lektüre von Dissertationen, die am entsprechenden Lehrstuhl geschrieben wurden. Wenn Sie mehrere Dissertationen beispielsweise in Bezug auf Formales, Sprachgebrauch und die methodische Herangehensweise vergleichen, bekommen Sie eine genauere Vorstellung davon, was an dem Lehrstuhl geschätzt wird. Wichtig ist dabei: Schließen Sie nicht von einer einzigen Dissertation darauf, was an dem Lehrstuhl üblich ist, denn sie kann beispielsweise schlecht bewertet worden sein (vgl. dazu Brink, 2005, S. 37f.). Und: Da dieses Vorgehen aufwändig ist, sollten Sie es nur anwenden, wenn Sie entweder eine Abschlussarbeit schreiben oder die Dissertationen Ihr Thema behandeln.

Tipp

Leider halten es manche Betreuer für ein Zeichen von Unprofessionalität, wenn Studierende viele Fragen stellen. Im schlimmsten Fall kann dies sogar dazu führen, dass ein Betreuer nicht wohlwollend auf die Arbeit schaut. Präsentieren Sie sich deshalb innerhalb des Gesprächs professionell:

- Notieren Sie Ihre Fragen vor der Sprechstunde und nehmen Sie die Notizen mit. Falls Sie es für hilfreich halten, teilen Sie dem Betreuer Ihre Fragen vor dem Gespräch per E-Mail mit.
- Bringen Sie alle Dokumente in doppelter Ausführung mit, auf die Sie sich von Ihrem Betreuer eine Rückmeldung holen.
- Begründen Sie Ihre Fragen, zum Beispiel mit dem Verweis darauf, dass Sie Unterschiede zwischen den Anforderungen einzelner Betreuer an wissenschaftliche Arbeiten festgestellt haben.
- Fassen Sie am Ende des Gesprächs noch einmal alles zusammen, was für Sie wichtig ist.

5 Besonderheiten empirischer Arbeiten

Das Ziel einer wirtschaftswissenschaftlichen Arbeit ist es, relevante Fragestellungen aus ökonomischer Perspektive zu untersuchen. Dazu werden Modelle und Theorien auf einen Untersuchungsgegenstand angewendet, so dass am Ende der Arbeit die in der Einleitung aufgeworfene Fragestellung beantwortet werden kann. Häufig wird es dabei jedoch vorkommen, dass aus rein theoretischer Sicht keine eindeutige Antwort möglich ist und weitere Verfahren herangezogen werden müssen, um abgesicherte Erkenntnisse zu gewinnen. In der empirischen Wirtschaftsforschung werden daher die aus der Theorie abgeleiteten Hypothesen auf ihre Erklärungskraft hinsichtlich realer Phänomene überprüft. Hierzu werden in der Realität beobachtbare Daten unter Zuhilfenahme statistischer Methoden analysiert (Bauer et al., 2009, S. 136). Die folgenden Ausführungen beziehen sich überwiegend auf die quantitative empirische Forschung, da sie gegenüber der qualitativen empirischen Forschung in den Wirtschaftswissenschaften verbreiteter ist.

Lektüreempfehlung

Wenn Sie keine empirische Arbeit schreiben, können Sie die Lektüre des folgenden Kapitels überspringen.

Wenn Sie noch nicht entschieden haben, ob Sie eine empirische Arbeit schreiben, empfehlen wir Ihnen insbesondere die Lektüre von Unterkapitel 5.1. Sie erfahren darin, vor welches Grundproblem empirisches Arbeiten in den Wirtschaftswissenschaften gestellt ist.

Wenn Sie bereits wissen, dass Sie eine empirische Arbeit schreiben, empfehlen wir Ihnen, sämtliche Unterkapitel sorgfältig zu lesen. Neben Informationen über das Grundproblem erfahren Sie darin, welche Arbeitsschritte auf Sie zukommen (Kap. 5.2), und Genaueres darüber, wie empirische Arbeiten aufgebaut sind (Kap. 5.3).

5.1 Allgemeines

Im Gegensatz zu anderen Seminar- und Abschlussarbeiten liegt der Schwerpunkt empirischer Arbeiten entweder darin, die Hypothesen eines theoretischen Modells durch die Verwendung von Daten zu überprüfen (sog. Deduktion), oder darin, ein reales Phänomen empirisch zu beschreiben bzw. zu prognostizieren. Das besondere Interesse der Forschung gilt dabei der **Analyse von Ursache-Wirkungs-Zusammenhängen** (Kausalbeziehungen). Die Untersuchung dieser Zusammenhänge ist jedoch mit dem grundsätzlichen Problem behaftet, dass die sogenannte kontrafaktische Situation nicht beobachtbar ist. Das bedeutet, dass aus dem Ergebnis nach der Durchführung einer Maßnahme (z. B. der sog. Abwrackprämie, des Banken-Rettungsschirms, einer neuen Marketingstrategie etc.) bzw. nach dem Eintreten eines Ereignisses nicht ohne weiteres geschlossen werden kann, dass die Maßnahme bzw. das Ereignis ursächlich für das Ergebnis ist. Schließlich besteht die Möglichkeit, dass das Ergebnis auch eingetreten wäre, wenn die Maßnahme nicht durchgeführt worden wäre bzw. das Ereignis nicht eingetreten wäre. Die Herstellung dieser „Was-wäre-wenn-Situation" ist das zentrale konzeptionelle Problem der empirischen Analyse von Kausalzusammenhängen in den Sozialwissenschaften, zu denen die Wirtschaftswissenschaften als Teildisziplin zählen. Im Gegensatz zu den Naturwissenschaften ist es in den Sozialwissenschaften zumeist nicht möglich, Ursache-Wirkungs-Zusammenhänge durch kontrollierte Laborexperimente aufzudecken, in denen ein Experiment zugleich einmal mit der Veränderung eines Parameters (der Ursache) und einmal ohne die Veränderung des Parameters durchgeführt wird. Um dennoch empirisch abgesicherte Erkenntnisse zu gewinnen, müssen Annahmen getroffen werden, die die Identifikation kausaler Effekte unter Zuhilfenahme statistischer Methoden ermöglichen (sogenannte Identifikationsannahmen). Durch diese Annahmen wird ein beobachtbares Gegenstück für die unbeobachtbare kontrafaktische Situation konstruiert. Die Ergebnisse der konstruierten Vergleichssituation sind – wie die Ergebnisse aller empirischen Untersuchungen – prinzipiell unsicher und können lediglich mit einer hinreichenden Genauigkeit geschätzt, nie jedoch mit Sicherheit gemessen werden (Bauer et al., 2009, S. 135f.). Kennzeichen seriöser empirischer Untersuchungen ist daher, dass der Grad der Unsicherheit angegeben wird. Eine ausführliche Einführung in das empirische Arbeiten und die Problematik der Analyse von Kausalzusammenhängen liefern Bauer et al. (2009).

5.2 Vorgehen

Wenn Sie eine empirische Arbeit schreiben, müssen Sie die in Kap. 2.3 dargestellten Arbeitsschritte um weitere ergänzen. Bevor Sie jedoch mit einer empirischen Arbeit beginnen, sollten Sie klären, ob Ihre Fragestellung überhaupt empirisch untersucht werden kann, d. h. insbesondere, ob entsprechende Daten verfügbar sind oder in einem angemessenen Zeitraum erhoben werden können. In der Regel hat Ihr Betreuer dies bereits überprüft, wenn das Thema zur Bearbeitung gestellt wird.

Ausgangspunkt einer empirischen Analyse ist die Einordnung der Fragestellung in ein theoretisches Modell, so dass theoriegeleitete Hypothesen zur Beantwortung der Fragestellung aufgestellt werden können. Hierzu können Sie eigene theoriegestützte Überlegungen anstellen oder auf bereits in der Literatur entwickelte Theorien und Modelle zurückgreifen.

Sollten verschiedene Datensätze für Ihre Analyse in Frage kommen, müssen Sie entscheiden, welchen der Datensätze Sie am besten für Ihre Untersuchung verwenden. Dabei müssen Sie beachten, dass die Daten für Ihr Untersuchungsziel angemessen sind. Wenn Sie z. B. allgemeine Schlussfolgerungen ziehen wollen, dann sollten Ihre Daten auch entsprechend repräsentativ sein.

Falls keine geeigneten Datensätze verfügbar sind, können Sie auch selbst Daten erheben. Hierzu gibt es verschiedene Datenerhebungsmethoden wie z. B. die Erstellung von Umfragen oder die Durchführung von Interviews. Insbesondere die Durchführung eigener Umfragen ist durch die Verwendung spezieller Survey-Software und Onlinefragebögen eine für Studierende durchaus geeignete Möglichkeit, einen Datensatz aufzubauen. Beachten Sie jedoch, dass die Erhebung von Daten ein sehr zeitaufwändiges und nicht risikoloses Verfahren ist, da unsicher ist, ob die Anzahl der erhobenen Beobachtungen groß genug ist, um eine empirische Analyse durchzuführen. Des Weiteren müssen Sie berücksichtigen, dass Sie aufgrund der begrenzten Bearbeitungszeit und der ebenfalls begrenzten finanziellen Mittel wahrscheinlich nur einen sehr spezifischen Datensatz erheben können, der lediglich für eine sehr spezielle Gruppe repräsentativ ist und somit keine allgemeineren Schlussfolgerungen zulässt. Seien Sie daher bei der Interpretation Ihrer Ergebnisse vorsichtig, insbesondere hinsichtlich der oben aufgeführten Problematik der Identifikation von Kausalzusammenhängen.

Nachdem Sie die Daten erhoben haben oder einen Datensatz für Ihre Untersuchung ausgewählt haben, müssen die Daten in geeigneter Weise aufbereitet und bereinigt werden, um eine spätere Datenauswertung zu ermöglichen. Dafür prüfen Sie z. B. die Daten auf Fehler und generieren neue für die Analyse notwendige Variablen. Diese wichtige Vorstufe der eigentlichen Datenanalyse darf vom zeitlichen Aufwand her keinesfalls unterschätzt werden: Bei anspruchsvollen Datensätzen nimmt sie nicht selten mehrere Wochen in Anspruch und ist daher vom Zeitaufwand deutlich umfangreicher als die Datenanalyse.

Zur Analyse und Auswertung der aufbereiteten Daten werden in der Regel statistische Programmpakete wie EViews, SPSS oder Stata verwendet. Diese Programme bieten eine Vielzahl an statistischen Methoden, die zur Auswertung herangezogen werden können. Teilweise sind die Programme und die verschiedenen Analysetechniken äußerst komplex. Bevor Sie eine empirische Arbeit beginnen, sollten Sie daher mit den statistischen Methoden vertraut sein und sich zumindest Grundkenntnisse in dem jeweiligen Programmpaket aneignen.

5.3 Aufbau

Der Aufbau einer empirischen Arbeit unterscheidet sich von dem anderer Arbeitstypen, da mit einer selbstständig durchgeführten Datenanalyse ein anderer inhaltlicher Schwerpunkt gesetzt wird. Eine beispielhafte Gliederung haben Sie bereits in Kap. 3.1 kennengelernt. Eine empirische Arbeit sollte unbedingt eine genaue Beschreibung der verwendeten Daten beinhalten. Diese umfasst zumindest die folgenden Aspekte:

- Was für Daten werden verwendet?
- Was ist der Beobachtungszeitraum?
- Wie viele Beobachtungen liegen vor?
- Welche Variablen werden verwendet und wie wurden sie generiert?
- Was bilden die Variablen ab?

Tipp

>> Schauen Sie sich als Beispiel die Datenbeschreibung eines empirischen Artikels aus einer angesehenen Fachzeitschrift an.

Des Weiteren müssen Sie die statistischen Methoden formal beschreiben, die Sie zur Analyse Ihrer Daten anwenden, so dass nachvollziehbar ist, wie Sie zu Ihren Ergebnissen gelangt sind. Dazu zählt auch, dass alle getroffenen Annahmen und insbesondere die Identifikationsannahmen beschrieben werden. Zudem sollte begründet werden, warum die Methoden verwendet werden. Abschließend müssen die Untersuchungsergebnisse vorgestellt, interpretiert und diskutiert werden. Berücksichtigen Sie bei der Interpretation Ihrer Ergebnisse die Einschränkungen, die Sie aufgrund der Repräsentativität (d. h. der Übertragbarkeit der Ergebnisse auf andere Populationen) und Validität (d. h. der Gültigkeit der Ergebnisse für die gesamte Untersuchungspopulation) Ihrer Daten machen müssen, sowie die obigen Hinweise zur Analyse von kausalen Zusammenhängen. Insbesondere möchten wir Sie auf den häufig in der Presse gemachten Fehler hinweisen, festgestellte Korrelationen mit Kausalität zu verwechseln. Eine ausführliche Beschreibung dessen finden Sie bei Bauer et al. (2009).

6 Software auswählen und professionell nutzen

Für die Anfertigung wissenschaftlicher Arbeiten sind Sie auf einen Computer und damit auch auf Software angewiesen. Je besser Ihre Software für die jeweiligen Zwecke geeignet ist und je professioneller Sie sie nutzen, desto effizienter können Sie Ihre Arbeit anfertigen. In Kapitel 6.1 stellen wir Ihnen Software vor, die zur Anfertigung wissenschaftlicher Arbeiten erforderlich oder hilfreich ist. In Kapitel 6.2 erfahren Sie, was Sie bei der Formatierung Ihrer Arbeit berücksichtigen müssen, und erhalten Tipps für den professionellen Umgang mit MS Word.

Lektüreempfehlung

Wenn Sie unsicher sind, ob Ihre Software geeignet ist, oder wenn Sie Zeit und Lust haben, neue Software kennen zu lernen, empfehlen wir Ihnen, insbesondere Unterkapitel 6.1 zu lesen.
Wenn Sie keine Vorgaben für die Formatierung Ihrer Arbeit erhalten, können Sie sich an den Hinweisen aus Unterkapitel 6.2.1 orientieren.
Wenn Sie Probleme beim Formatieren Ihrer Arbeit mit Word haben, sollten Sie Unterkapitel 6.2.2 lesen.

Tipp

Egal welche Software Sie nutzen: Bei Fragen und Problemen lohnt es sich fast immer, im Internet nach Lösungen zu suchen!

6.1 Hilfreiche Software kennen

Sicherlich sind Sie beispielsweise im Umgang mit einer konkreten Textverarbeitungssoftware vertraut und mehr oder weniger versiert. Möglicherweise lohnt es sich aber für Sie, sich während Ihres Studiums in weitere Programme einzuarbeiten. Damit Sie dies besser entscheiden können, werden in diesem Kapitel sowohl die gängigsten als auch einige weniger verbreitete Programme vorgestellt, die Ihnen die Arbeit erleichtern können.

6.1.1 Programme zur Textverarbeitung

Am häufigsten werden wissenschaftliche Arbeiten mit Word, Open Office oder LaTeX geschrieben. Da sich Word und Open Office von der Bedienstruktur her ähneln, beschreiben wir im Folgenden jedoch lediglich Word und LaTeX.

Word

Die meisten wissenschaftlichen Arbeiten werden in Word geschrieben. Das liegt vermutlich daran, dass das Programm übersichtlich, größtenteils intuitiv bedienbar und auf den meisten PCs installiert ist.

Problem: Wenn Sie an mehreren Arbeitsplätzen mit unterschiedlichen Word-Versionen arbeiten, werden Dokumente ab einer gewissen Länge und Komplexität unzuverlässig, beispielsweise springen einzelne Zeilen von einer Seite auf die nächste und zurück. Um das zu vermeiden, können Sie lange Arbeiten (z. B. ab 50-60 Seiten) in mehrere Dokumente unterteilen, die Sie erst spät oder gar nicht zusammenfügen.

Besonders Zeilen- und Seitenumbrüche sind in Word oft nicht stabil, so dass wir Ihnen empfehlen, die Abgabeversion als PDF-Datei zu erstellen, darin die Zeilen- und Seitenumbrüche zu kontrollieren, ggf. Fehler im Word-Dokument zu ändern und erneut zu kontrollieren. Nutzen Sie stets das PDF-Dokument für den Druck.

LaTeX

LaTeX ist eine Alternative zu Word, also ebenfalls ein Programm zur Textverarbeitung. Im Bereich der Formatierung und der Literaturverwaltung bietet es jedoch mehr Möglichkeiten. In der Benutzung ist der größte Unterschied zu Word, dass LaTeX kein „What You see is what you get"-Programm ist, dass also die Benutzeroberfläche nicht genau das abbildet, was später im Ausdruck zu sehen ist. Stattdessen muss ein Quellcode für das jeweilige Dokument erstellt werden, der die Formatierung organisiert.

Wenn Sie noch nie mit einer solchen Software gearbeitet haben, ist dies auch der größte Nachteil von LaTeX: Es ist ungewohnt, beim Schreiben nicht zu sehen, wie das Dokument aussieht, und es erfordert einiges an

Geduld, sich in das Schreiben der Quellcodes einzuarbeiten. Im Internet stehen allerdings mittlerweile sowohl viele Formatvorlagen zum Download zur Verfügung als auch Editoren, mittels derer die Formatierung im Programm sichtbar gemacht werden kann.

Ein großer Vorteil gegenüber Word ist die Stabilität des Programms: Während Word gelegentlich bei langen Dokumenten Instabilitäten entwickelt (s. o.), ist LaTeX absolut zuverlässig. Zudem sieht die Formatierung sauberer aus als bei Word.

Ein weiterer Vorteil Word gegenüber macht sich nur dann bemerkbar, wenn Sie in Ihren Arbeiten mit Formeln arbeiten: Durch die Einbindung spezieller Mathematikerweiterungen (z. B. des AMS-LaTeX Package) bietet LaTeX einen deutlich besseren Formelsatz.

6.1.2 Programme zur Literaturverwaltung

Verbreitete Programme zur Literaturverwaltung sind **Citavi**, **Endnote** und **Zotero**. Diese Programme sind vor allem für die Studierenden sinnvoll, die zur Vorbereitung des Schreibens aus den gelesenen Quellen Wichtiges herausschreiben und viele Quellen verwenden. So ergänzt Citavi beispielsweise automatisch die entsprechende Quellenangabe, wenn Sie die ISBN/ISSN oder andere eindeutige Quellenangaben eintragen, und Sie können auch bei vielen Quellen gut den Überblick behalten, weil Citavi über eine Schlagwortsuche verfügt.

Falls Sie noch viele wissenschaftliche Arbeiten zu schreiben haben und einigermaßen fit im Umgang mit neuer Software sind, empfehlen wir Ihnen dringend, eines dieser Programme zu nutzen. Empfehlen können wir insbesondere Citavi. Falls Ihre Universität jedoch keine Campuslizenz für dieses Programm hat, ist die Anschaffung recht kostspielig. Als Freeware gibt es lediglich eine Einstiegsversion, die die Verwaltung von maximal 100 Quellen erlaubt (Download unter www.citavi.com). Weil Endnote noch teurer ist (Näheres unter www.endnote.com), empfehlen wir alternativ zu Citavi die Freeware Zotero, die Sie unter www.zotero.org herunterladen können. Im Vergleich zu Citavi hat es vor allem die Nachteile, dass es nicht von sich aus auf bibliographische Datenbanken zugreift, im Bereich der Wissensorganisation weniger Möglichkeiten und keine Hilfsmittel zur Projektplanung bietet. Es hat jedoch den Vorteil, dass Screenshots in das Programm integriert und dort kommentiert werden können.

6.1.3 Spracherkennungssoftware

Spracherkennungssoftware hat mittlerweile eine hohe Erkennungsrate und erleichtert damit all jenen die Arbeit, die ihre Gedanken gut mündlich formulieren können und/oder langsam tippen. Da die Programme jedoch erst sukzessive Ihre Fachsprache lernen, werden Sie insbesondere bei ersten Nutzungen einen höheren Korrekturbedarf haben. Wir empfehlen besonders Dragon NaturallySpeaking für Windows und MacSpeech Scribe für den Mac.

Sie können diese Software sehr gut einsetzen, um beim Lesen von Quellen gleich wichtige Zitate herauszuschreiben, Ihre Gedanken festzuhalten und um schnell eine Rohfassung zu formulieren.

6.2 Die Arbeit korrekt und ansprechend formatieren

In der Regel erhalten Sie entweder vom Betreuer oder vom Prüfungsamt Vorgaben für die Formatierung Ihrer Arbeit. Wenn Sie keine Vorgaben bekommen, können Sie sich an diese Empfehlungen halten:

- **Weißes Din A4-Papier** wird mit **schwarzer Tinte** bedruckt.
- Das Papier wird nur auf der **Vorderseite** bedruckt.
- Als **Schriftart** wird meist Times New Roman gefordert; gelegentlich wird auch Arial erlaubt. Weil Arial größer ist und daher den Eindruck erwecken könnte, Sie wollen Platz schinden, empfehlen wir Times New Roman.
- Die **Schriftgröße im Fließtext** ist 12 pt.
- Die **Schriftgröße in den Fußnoten** ist 10 pt.
- Der **Zeilenabstand („Durchschuss") im Fließtext** beträgt das 1,5-fache der Schriftgröße.
- Der **Zeilenabstand im Fußnotentext** ist einfach.
- Die **Seitenränder** können entweder überall bei 2 oder 2,5 cm liegen oder Sie richten den **rechten Rand** als Korrekturrand ein. Dann sollte er mindestens 3,5 cm breit sein.
- **Oberer Rand und unterer Rand** können 2,5 cm hoch sein.
- Der Text sollte im **Blocksatz** stehen, da dadurch das Schriftbild ordentlich aussieht.
- **Silbentrennung:** Um große Lücken zwischen Wörtern zu vermeiden, können Sie die automatische Silbentrennung Ihrer Textverarbeitungssoftware nutzen. Sie sollten dann jedoch die Trennungen in der Abgabefassung kontrollieren. Oder Sie trennen lange Wörter von Hand. Nutzen Sie dafür unbedingt den sogenannten bedingten Trennstrich, den Sie mit der Tastenkombination Strg + – setzen können.

Tipp

>> Wenn Sie wenige oder keine Vorgaben bekommen, können Sie sich für die weitere Formatierung an einem wissenschaftlichen Buch orientieren, bei dem Ihnen das Textbild gefällt.

Die folgenden Angaben werden oft nicht unbedingt gefordert oder sind nicht stark reglementiert, tragen aber zu einem übersichtlichen Format bei:

- **Hervorhebungen** von Textteilen sollten am besten eindeutig sein. Nutzen Sie deshalb zum Beispiel keine Anführungsstriche, um Begriffe zu kennzeichnen, von denen Sie sich distanzieren, z. B. weil sie umgangssprachlich oder politisch gefärbt sind, weil Anführungsstriche der Konvention entsprechend zur Kennzeichnung direkter Zitate genutzt werden. Nutzen Sie stattdessen einfache Anführungsstriche. Achtung: Das öffnende Anführungszeichen sollte einer 9, das schließende einer 6 entsprechen – dann haben Sie die richtigen Zeichen ausgewählt. Und auch bei anderen Hervorhebungen können Sie differenzieren: Wenn Sie zum Beispiel einen Begriff definieren und ihn daher kennzeichnen wollen, können Sie ihn kursiv setzen. Ein Begriff, der besonders wichtig für Ihre Arbeit ist oder mit dessen Hervorhebung Sie dem Leser die Orientierung erleichtern wollen, könnte hingegen fett markiert werden.
- **Formatierung von Überschriften:** Es ist sinnvoll, Überschriften von Kapiteln, Unterkapiteln und Abschnitten jeweils unterschiedlich zu formatieren. Wir empfehlen Ihnen, dieselbe Schriftart wie für den Fließtext zu nutzen und die Gliederungsebene durch Schriftgröße, Fettung oder Kursivierung der Kapitelbezeichnungen zu verdeutlichen. Das könnte zum Beispiel so aussehen:
  2. Die Prinzipal-Agent-Theorie
  2.1 Asymmetrische Informationen vor Vertragsabschluss
  2.1.1 *Hidden Characteristics*

Lassen Sie keine zu großen Lücken vor oder hinter den Überschriften. Vor allem hinter Titeln von Unterkapiteln oder Abschnitten ist es nicht nötig, größere Abstände als zwischen den Absätzen im Fließtext einzufügen. Wichtig ist aber, dass der Abstand einer Überschrift zum Text des vorhergehenden Kapitels größer ist als zu dem folgenden Text – so ist für den Leser leicht ersichtlich, dass ein Textteil abgeschlossen ist und ein neuer beginnt.

- **Seitenzahlen** stehen meist rechts unten und schließen dort mit dem rechten Rand des Textes ab. Wenn dies nicht ausdrücklich gefordert wird, sind aber auch andere Platzierungen möglich.
- **Absatzformatierung**: Wichtig ist, dass weder die erste Zeile eines Absatzes als letzte Zeile auf einer Seite steht, noch nur die letzte Zeile eines Absatzes als erste Zeile auf einer neuen Seite.

Ein Text wird übersichtlicher, wenn Sie die Absatzstruktur hervorheben. Dafür haben Sie zwei Möglichkeiten: Entweder Sie trennen die Absätze durch einen Abstand von ca. 6 pt voneinander oder Sie rücken die erste Zeile jedes Absatzes ein bisschen (z. B. 0,5 cm) ein. Wichtig ist, dass Sie für die erste Variante nicht einfach eine Leerzeile nutzen, sondern den Abstand im Textverarbeitungsprogramm einstellen (es sei denn, Sie sollen explizit Absätze durch eine Leerzeile voneinander trennen – sehr selten wird das verlangt). Und bei der zweiten Variante ist es sehr wichtig, dass Sie die erste Zeile nicht durch Leerzeichen einrücken, sondern ebenfalls die Formatierungsmöglichkeiten Ihrer Textverarbeitung nutzen. Ansonsten würde – wegen des Blocksatzes – die Einrückung unregelmäßig. Die erste Zeile unter einer Überschrift, unter einem eingerückten Zitat, einer Formel, Tabelle oder Abbildung darf jedoch nicht eingerückt werden.

- **Kopfzeilen** werden in den wissenschaftlichen Arbeiten Studierender nicht erwartet, sind jedoch gut geeignet, um eine Seite besonders ansprechend zu gestalten. Da sie den Leser informieren, welches Kapitel er gerade liest, sind sie vor allem bei längeren Arbeiten mit vielen Kapiteln sinnvoll.
- **Seitenwechsel** sollten immer genutzt werden, wenn ein Hauptkapitel im unteren Drittel einer Seite beginnen würde oder wenn bei einem Unterkapitel oder Abschnitt lediglich die Überschrift samt einer Zeile Text auf einer neuen Seite stünde. Manche Lehrende fordern, dass jedes Hauptkapitel auf einer neuen Seite beginnt.

Übung

Legen Sie ein Dokument für die geplante Arbeit an und üben Sie alle Formatierungen, die Sie in Ihrer Arbeit anwenden möchten!

Die folgenden **zehn Tipps zum Formatieren mit Word 2010** decken die Bereiche ab, in denen die meisten Studierenden unsicher sind oder Fehler machen.

1) Verwenden Sie unbedingt die Funktion „Seite einrichten“ auf der Registerkarte Seitenlayout, um die **Seitenränder einzustellen**. Die Seitenränder durch Verschieben der Balken im Lineal einzustellen, kann dazu führen, dass die Seitenränder in den Fußnoten von denen im Fließtext abweichen.
2) **Absatzformatierung:** Zum Beispiel über die rechte Maustaste gelangen Sie über „Absatz“ zur Absatzformatierung. Dort können Sie auf der Registerkarte „Zeilen- und Seitenumbruch“ ein Häkchen bei „Absatzkontrolle“ setzen, um sicherzustellen, dass die Absätze in Ihrem Text bei Seitenumbrüchen den Regeln entsprechend getrennt werden. Auf der Registerkarte „Einzug und Abstände“ können Sie den „Abstand vor“ oder „nach“ einem Absatz auf beispielsweise 6 pt einstellen.
3) **Das Weiterführen einer Fußnote auf einer Folgeseite** können Sie verhindern, indem Sie den Fußnotentext markieren und dann unter „Absatz“ auf der Registerkarte „Zeilen- und Seitenumbruch“ ein Häkchen bei „Diesen Absatz zusammenhalten“ setzen.
4) **Fußnoten** sollten Sie unbedingt automatisch erstellen, d. h. über die Registerkarte „Verweise“ mithilfe des Befehls „Fußnote einfügen“. Die diesbezüglichen Standardeinstellungen sind für die meisten Arbeiten geeignet.
5) Wenn Sie in Ihrer Arbeit beispielsweise unterschiedliche Kopfzeilen oder unterschiedliche Seitenzahlformate benutzen, müssen Sie immer dort, wo eine andere Formatierung beginnt, **einen Abschnittsumbruch einfügen** (den finden Sie auf der Registerkarte „Seitenlayout“ unter „Seite einrichten“ → „Umbrüche“ → „Abschnittsumbrüche“). Bei Kopfzeilen müssen Sie zusätzlich sicherstellen, dass die Funktion „wie vorherige“ deaktiviert ist.
6) Um **eine Zeile einzurücken**, sollten Sie einen Tab setzen (Tabulatortaste), den Sie unter „Tabstopps...“ im Menü „Absatz“ einstellen können, oder auf der Registerkarte „Einzüge und Abstände“ einen „Sondereinzug: erste Zeile“ einrichten.
7) Wenn Sie **einen Absatz einrücken** möchten, können Sie an derselben Stelle den „Einzug links“ einstellen.
8) Es ist eine große Arbeitserleichterung, mit **Formatvorlagen** (Registerkarte „Start“) zu arbeiten. Erstens ersparen Sie es sich so, zum Beispiel bei eingerückten Zitaten jeweils die Schriftgröße und die Einzüge zu ändern, zweitens können Sie dann das Inhalts-, das Abbildungs- und das Tabellenverzeichnis automatisch erstellen und somit sicherstellen, dass sowohl die Überschriften als auch die Seitenzahlen im Dokument

mit denen im Verzeichnis übereinstimmen (s. u. Tipp 10). Und wenn Sie während der Bearbeitung die Formatierung ändern möchten, können Sie das mithilfe der Formatvorlagen aufwandsarm tun.

9) So können Sie **überzählige Leerzeichen vermeiden**: Geben Sie auf der Registerkarte „Start“ unter „Bearbeiten“ → „Ersetzen“ bei „Suchen nach“ zwei Leerzeichen ein, bei „Ersetzen durch“ ein Leerzeichen. Wählen Sie dann „Alle ersetzen“. Wiederholen Sie den Vorgang, weil es oft vorkommt, dass versehentlich drei Leerzeichen hintereinander stehen.

10) Mit Word können Sie Ihre **Gliederung vollautomatisiert erstellen**: Dafür müssen Sie Ihren Überschriften Formatvorlagen zuordnen und über die Funktion „Inhaltsverzeichnis“ auf der Registerkarte „Verweise“ einstellen, wie die Gliederung aussehen soll und welche Formatvorlagen darin zusammengefasst werden müssen. Oder Sie erstellen Ihre Gliederung zumindest teilautomatisiert, indem Sie auf der Registerkarte „Start“ im Feld „Absatz“ die Funktion „Liste mit mehreren Ebenen“ nutzen. Bei beiden Verfahren stehen Ihnen unterschiedliche Gliederungsprinzipien und Formatierungen zur Verfügung.

Tipp

Bereiten Sie bereits vor Themenstellung ein Dokument mit allen potenziellen Teilen der Arbeit, Platzhaltern für die Kapitel und den richtigen Formatvorlagen vor!

Checkliste zur Überprüfung der Formatierung

- Ist der Text einheitlich formatiert in Hinsicht auf
  → Schriftart,
  → Schriftgröße,
  → Zeilenabstände,
  → Seitenränder,
  → Einzüge und Abstände,
  → Blocksatz oder Flattersatz,
  → ggf. Kopfzeilen,
  → Arten der Hervorhebung?
- Endet jede Fußnote mit einem Punkt?
- Entspricht der Zitationsstil den Vorgaben und ist die Zitation konsistent?

- Gibt das Inhaltsverzeichnis korrekt wieder, wie die einzelnen Kapitel heißen und auf welcher Seite sie beginnen?
- Sind alle Kapitel, Unterkapitel und Abschnitte im Inhaltsverzeichnis aufgeführt?
- Wurden alle Abbildungen und Tabellen korrekt nummeriert und den Vorgaben entsprechend beschriftet?
- Sind alle in der Arbeit verwendeten Quellen im Literaturverzeichnis genannt und auch nur diese?
- Entspricht das Literaturverzeichnis den Vorgaben und ist es konsistent?
- Ist jedes direkte Zitat von doppelten Anführungszeichen umgeben?
- Sind die Trennungen der automatischen Silbentrennung korrekt bzw. haben Sie überall dort Trennoptionen gesetzt, wo ansonsten größere Lücken im Schriftbild wären?
- Falls Sie Kopfzeilen verwenden: Beginnen neue Kopfzeilen auf der richtigen Seite? Stimmen Text und Kapitel überein?

7 Quellen finden und bearbeiten

Korrektes wissenschaftliches Arbeiten zeichnet sich dadurch aus, dass keine unbegründeten Vermutungen aufgestellt werden und Sie den Leser nicht an Ihren persönlichen Erfahrungen teilhaben lassen, sondern dass alle Argumente und Schlussfolgerungen in Ihrer Arbeit entweder aus Ihren eigenen Analysen ableitbar sind (z. B. die Ergebnisse Ihrer empirischen Untersuchung) oder aus der Literatur stammen und daher mit einer Quellenangabe belegt sind. Einen wesentlichen Beitrag zur eigenständigen Bearbeitung Ihres Themas stellt daher die Recherche nach der relevanten Literatur sowie die Verarbeitung und Darstellung der Argumente aus der Literatur dar.

Für empirische Arbeiten wie für Literaturarbeiten gilt daher, dass das Fundament einer anspruchsvollen wissenschaftlichen Arbeit eine umfangreiche Literaturrecherche und die Verarbeitung der recherchierten Quellen bildet. Zu den dafür erforderlichen Arbeitsschritten zählen das Finden der relevanten Literatur (Kap. 7.1), die Entscheidung darüber, welche dieser Quellen Sie an welcher Stelle Ihrer Arbeit verwenden (Kap. 7.2), und das korrekte Herausarbeiten der wesentlichen Argumente und Ideen, die für Ihr Thema bzw. Ihre Fragestellung wichtig sind (Kap. 7.3 und 7.4).

Lektüreempfehlung

Wenn Sie nur wenig Erfahrung mit wissenschaftlichen Arbeiten und ausreichend Zeit bis zur Abgabe der Arbeit haben, empfehlen wir Ihnen, sämtliche Unterkapitel sorgfältig zu lesen.

Wenn Sie nur wenig Zeit zur Verfügung haben, sollten Sie insbesondere das Unterkapitel 7.1.2 lesen, weil Sie dort Hinweise für eine systematische Literaturrecherche erhalten.

Lesen Sie insbesondere Kapitel 7.4, wenn es Ihnen oft schwer fällt, Quellen in eigenen Worten wiederzugeben.

7.1 Zielgerichtet recherchieren

Der Umfang und damit auch der Zeitaufwand, den Sie für Ihre Literaturrecherche einplanen sollten, hängt im Wesentlichen von der Arbeit ab, die Sie schreiben, und von den Anforderungen, die Ihr Prüfer an die zu verwendende Literatur stellt. So versteht es sich von selbst, dass Sie für eine Seminararbeit weniger Zeit zur Verfügung haben als für eine Masterarbeit. Unabhängig davon ist es jedoch für alle Arten von wissenschaftlichen Arbeiten entscheidend, dass Sie die wesentlichen Literaturquellen zu Ihrem Thema finden. Wie Sie eine systematische Literaturrecherche beispielsweise durchführen können, zeigen wir Ihnen im Folgenden.

7.1.1 Die verschiedenen Literaturquellen

Für die Anfertigung Ihrer Arbeit sollten Sie verschiedene Arten von Literaturquellen verwenden. Dabei ist jedoch zu beachten, dass sich die Qualität der Quellen und damit auch die Zuverlässigkeit der in ihnen beschriebenen Ergebnisse und darin getroffenen Aussagen unterscheidet. Zudem ist nicht jeder Quellentyp für die verschiedenen Arbeitsschritte der Erstellung einer wissenschaftlichen Arbeit gleichermaßen geeignet. Zur Zitation in Ihrer Arbeit, d. h. um Argumente, Aussagen und Schlussfolgerungen zu belegen, sollten Sie in der Regel Primärliteratur verwenden. Als **Primärliteratur** wird eine Publikation bezeichnet, die die ursprüngliche Quelle, also die Originalquelle einer Information darstellt. Im Gegensatz dazu werden Arbeiten, die Argumente, Ergebnisse oder Schlussfolgerungen aus Originalliteratur zum Gegenstand haben (z. B. Zusammenfassungen von Forschungsergebnissen oder Lehrbücher zu bereits entwickelten Modellen) als **Sekundärliteratur** bezeichnet. Diese Art von Literatur sollte, von einigen Ausnahmen abgesehen (s. u.), nicht zur Zitation verwendet werden.

Übersicht der wichtigsten Quellenarten und ihrer Verwendungsmöglichkeiten

- Artikel in Fachzeitschriften → Primärliteratur; wichtigste Quelle; spezielles Thema
- Discussion Paper → Primärliteratur; aktuellste Quelle; spezielles Thema
- Aufsätze in Sammelbänden → Primär-/Sekundärliteratur; spezielles Thema
- Monographien (Fachbücher) → Primär-/Sekundärliteratur; spezielles Thema

- Lehrbücher → Sekundärliteratur; Einstiegsliteratur; Quelle für Standardtheorien und -methoden
- Dissertationen und Habilitationen → Primär-/Sekundärliteratur; Einstiegsliteratur
- Fachlexika und Handwörterbücher → Sekundärliteratur; Nachschlagewerk; Einstiegsliteratur

Im Folgenden stellen wir Ihnen die verschiedenen Quellentypen kurz vor und zeigen auf, für welche Aufgaben sie bei der Bearbeitung Ihrer Fragestellung verwendet werden können.

Artikel in Fachzeitschriften

Der überwiegende Teil des wissenschaftlichen Diskurses findet in Aufsätzen statt, die in Fachzeitschriften (engl. Journals) publiziert werden. Daher gilt grundsätzlich, dass diese Artikel die Hauptinformationsquelle für Ihre Arbeit darstellen sollten. Im Gegensatz zu Lehrbüchern sind sie überwiegend als Primärquellen zu bezeichnen, jedoch enthalten auch diese Aufsätze häufig einen Abschnitt, der einen Überblick über den bisherigen Stand der Forschung zu dem speziellen Thema des Artikels gibt. Eine Ausnahme hiervon bilden die – insbesondere als Einstiegsliteratur geeigneten – sogenannten Survey und Review Artikel, die ausschließlich einen aktuellen Literaturüberblick über ein spezielles Themengebiet geben. Zu nennen sind hier beispielsweise das „Journal of Economic Literature" oder das „Annual Review of Financial Economics", die hauptsächlich diesen Typ von Aufsätzen veröffentlichen. Bezüglich der Aktualität von publizierten Artikeln ist zu beachten, dass die Veröffentlichung eines Aufsatzes in einer Fachzeitschrift häufig erst mehrere Jahre nach der Fertigstellung des Manuskripts und einer eventuellen Erstveröffentlichung als Discussion Paper (s. u.) erfolgen kann. Dies liegt zum einen daran, dass die Aufsätze in der Regel einem externen Gutachterverfahren (sog. Peer-Review Verfahren) unterliegen, bevor sie zur Veröffentlichung in der Fachzeitschrift angenommen werden, und zum anderen daran, dass die Fachzeitschriften nur eine begrenzte Anzahl an Artikeln veröffentlichen können. Dies hat zur Folge, dass die so „aktuell" publizierten Artikel häufig bereits mehrere Jahre alt sind und nicht den aktuellsten Stand der Forschung bzw. nicht immer die aktuell diskutierten Themen widerspiegeln.

Discussion Paper

Für die Bezeichnung Discussion Paper werden häufig synonym die Begriffe Working Paper, Diskussionspapier oder Arbeitsbericht verwendet.

Discussion Paper sind in der Regel Aufsätze, die zur Veröffentlichung in Fachzeitschriften oder Sammelbänden erstellt wurden. Die Veröffentlichung eines Artikels als Discussion Paper bedeutet aber nicht, dass es zwangsläufig den Qualitätsansprüchen einer Fachzeitschrift genügt und zur Publikation angenommen wird. Schließlich kann jeder einen Aufsatz in die gängigen Internetportale und Datenbanken einstellen. Zudem kann es sich bei einem Discussion Paper sowohl um ein Manuskript handeln, das sich noch in einem vorläufigen Stadium befinden, als auch um eine nahezu identische Version eines später publizierten Artikels.

Die **Qualität der Discussion Paper einzuschätzen** ist daher nicht unproblematisch. Für die Qualität eines Papers spricht, wenn es von einem etablierten Wissenschaftler verfasst wurde oder in einer bekannten Working Paper Serie erschienen ist. Beispiele für angesehene Working Paper Serien aus dem Bereich der Volkswirtschaftslehre sind die NBER Working Papers des National Bureau of Economic Research, die CEPR Discussion Paper des Centre for Economic Policy Research und die IZA Discussion Paper des Institute for the Study of Labor.

Grundsätzlich haben Discussion Paper gegenüber publizierten Aufsätzen den Vorteil, dass sie größtenteils frei zugänglich und aktueller sind. Falls Sie ältere Discussion Paper verwenden wollen, die nicht in einer Fachzeitschrift veröffentlicht wurden, sollten Sie sie stets besonders kritisch begutachten, denn die Nicht-Veröffentlichung könnte ein Indiz für unzureichende Qualität sein. Sollte es jedoch bereits eine in einer Zeitschrift publizierte Version des Working Papers geben und Sie Zugang zu dieser Publikation haben, ist diese Version als Quelle immer zu bevorzugen und sollte daher auch in Ihrer Arbeit zitiert werden. Verwenden Sie Discussion Paper daher lediglich, wenn sie so aktuell sind, dass es noch keine publizierte Version gibt oder Sie nicht an diese Version gelangen können, ohne größere Kosten aufzuwenden (was fast nie der Fall sein dürfte).

Aufsätze in Sammelbänden

Im Unterschied zu Lehrbüchern und Monographien, die in der Regel von wenigen Autoren gemeinschaftlich verfasst werden, werden in Sammelbänden einzelne Kapitel oder Aufsätze von unterschiedlichen Autoren oder Autorenteams zu einem übergeordneten Themenbereich zusammengefasst. Dadurch sind sie vom Aufbau häufig eher mit Artikeln in Fachzeitschriften zu vergleichen als mit herkömmlichen Monographien. Zur Zitation in Ihrer Arbeit sollten Sie nur Aufsätze bzw. Kapitel aus

Sammelbänden verwenden, deren Inhalt als Primärquelle anzusehen ist. Andernfalls können Sie sie zwar gut als weitere Hilfe für Ihre Literaturrecherche verwenden und sich die darin zitierte Literatur beschaffen und auswerten; auf eine Verwendung des Sammelbandes in Ihrer Arbeit als Literaturquelle sollten Sie dann jedoch verzichten.

Monographien (Fachbücher)

Eine Monographie ist eine umfassende Abhandlung zu einem speziellen Thema, die sich im Unterschied zu einem Lehrbuch weniger an Studierende als vielmehr an Wissenschaftler und Praktiker richtet, doch sind die Grenzen zwischen Lehr- und Fachbüchern fließend. Monographien können sowohl Primär- als auch Sekundärliteratur darstellen. Ist die Monographie als Primärliteratur zu klassifizieren, kann sie problemlos als Quelle in Ihrer Arbeit zitiert werden. Handelt es sich bei dem Buch hingegen um Sekundärliteratur, gelten für die Zitation die gleichen Einschränkungen wie für Aufsätze in Sammelbänden, die Sekundärliteratur darstellen, und für Lehrbücher.

Lehrbücher

Lehrbücher stellen in der Regel Sekundärliteratur dar, weil sie das bereits an einer anderen Stelle veröffentliche Wissen – häufig vereinfachend – aufbereiten. Als zu zitierende Quelle in Ihrer Arbeit sind sie daher nur mit Einschränkungen geeignet und sollten sparsam verwendet werden. Weil die Akzeptanz für die Verwendung von Lehrbüchern jedoch von Prüfer zu Prüfer variiert, sollten Sie mit ihm klären, ob und wofür Sie Lehrbücher als Quelle verwenden dürfen. Das gilt umso mehr, wenn Ihr Prüfer selbst ein passendes Lehrbuch zu Ihrem Thema verfasst hat. Größtenteils anerkannt ist es, Lehrbücher als Quelle für Standardtheorien und -methoden zu verwenden. Indem Sie zusätzlich zu dem Lehrbuch die Primärquelle zitieren, können Sie belegen, dass Sie auch die Originalliteratur zur Kenntnis genommen haben.

Unabhängig davon, welche Ansicht Ihr Betreuer zur Zitation von Lehrbüchern in Ihrer Arbeit vertritt, bieten sie einen guten Einstieg in ein größeres Themengebiet, da sie es kompakt darstellen und insofern häufig zu einem besseren Verständnis der Primärquelle beitragen. Zudem nennen sie Quellen für Ihre weitere Recherche. Sollten Sie sich für eine bestimmte Theorie oder Methode interessieren, ist es daher ratsam, zuerst in ein Lehrbuch zu schauen, bevor Sie sich mit der Originalquelle auseinandersetzen.

Dissertationen und Habilitationen

Dissertationen und Habilitationen sind in der Regel Monographien, die sich speziell mit einem Themengebiet auseinandersetzen. Ein umfangreicher Überblick über den aktuellen Stand der Forschung (bis zum Zeitpunkt der Erstellung der Monographie) ist ein wesentlicher Bestandteil dieser Literaturform. Daher können Dissertationen und Habilitationen, die zu Ihrem Thema passen, einen guten Einstieg bzw. eine gute Ergänzung für Ihre eigene Recherche darstellen. Zudem sind sie, wenn sie eigene Argumente oder Theorien entwickeln, als Primärquellen zu betrachten und damit selbstverständlich zitierfähig. Betrachten Sie diese Art von Quellen jedoch durchaus kritisch und versuchen Sie, die Qualität einzuschätzen. Die Tatsache der Veröffentlichung allein stellt noch keinen ausreichenden Qualitätsindikator dar.

Fachlexika und Handwörterbücher

Nachschlagewerke wie Fachlexika und Handwörterbücher eignen sich dazu, spezielle Begriffe und Definitionen nachzulesen, die Ihnen während der Erstellung Ihrer Arbeit begegnen bzw. die zum Thema oder Titel Ihrer Arbeit gehören (ein Beispiel dafür finden Sie in Kap. 7.1.2). Indem sie die Bandbreite des Themas aufzeigen und die wichtigsten Schlüsselbegriffe erläutern, helfen sie dabei, in ein Thema einzusteigen und einen Überblick darüber zu gewinnen. Da sie weiterführende Literaturhinweise geben, sind sie auch für den Einstieg in die ausführliche Literaturrecherche geeignet. Dies gilt insbesondere für Handwörterbücher, deren Texte deutlich länger sind als die von Fachlexika und die eher ein Themengebiet als spezielle Begriffe und Definitionen behandeln.

Beispiele für Fachlexika und Handwörterbücher sind das „Gabler Wirtschaftslexikon“ (Roberts et al., 2010) mit Informationen zu den Themenbereichen Betriebswirtschaft, Volkswirtschaft, Recht und Steuern (http://wirtschaftslexikon.gabler.de), das „Handwörterbuch der Betriebswirtschaft“ (Köhler et al., 2007) und „The New Palgrave Dictionary of Economics“ (Durlauf und Blume, 2008), den es auch als – allerdings lizenzpflichtige – Onlineversion gibt (www.dictionaryofeconomics.com). Eine Übersicht mit Links zu vielen weiteren online verfügbaren Fachlexika, Wörterbüchern und Handwörterbüchern findet sich auf den Seiten der „Virtuellen Fachbibliothek Wirtschaftswissenschaften (EconBiz)“ unter der Registerkarte „LOTSE“ und dem Eintrag „Fakten suchen und nachschlagen“ (www.econbiz.de).

Einschätzung der Qualität

Nachdem wir Ihnen die verschiedenen Quellentypen vorgestellt und einige Anmerkungen zu der unterschiedlichen Qualität dieser Literaturformen gegeben haben, wollen wir Ihnen anschließend einige Hinweise geben, wie Sie die Qualität dieser Quellen einschätzen können und welche Literaturtypen Sie bevorzugt in Ihrer Arbeit zitieren sollten.

Wie im obigen Abschnitt bereits beschrieben, sollten Sie zur Zitation in Ihrer Arbeit wenn möglich immer Primärquellen, also die entsprechende Originalliteratur verwenden, d. h., dass Sie in der Regel Aufsätze, seltener Monographien, Dissertationen oder Habilitationen zitieren werden. Die Aufsätze können entweder als Discussion Paper, in Sammelbänden oder Fachzeitschriften veröffentlicht sein, wobei Sie Letztere wegen der Qualitätssicherung durch das Peer-Review Verfahren bevorzugen sollten. Die weiteren beschriebenen Literaturtypen eignen sich primär als Einstiegsliteratur in Ihr Thema (z. B. Fachlexika und Handwörterbücher), zum Nachlesen bzw. als Verständnishilfe für Theorien und Methoden aus der Originalliteratur (z. B. Lehrbücher) und als Ergänzung für Ihre Literaturrecherche (z. B. Dissertationen und Habilitationen).

Wenn Sie in Ihrer Arbeit eine Standardtheorie oder ein Standardmodell in Absprache mit Ihrem Betreuer mithilfe eines Lehrbuchs darstellen, sollte es sich unbedingt um ein Standardlehrbuch handeln, das in dem jeweiligen Fachgebiet weit verbreitet und anerkannt ist. Falls Sie aus Ihrem Studium kein entsprechendes Lehrbuch kennen, sollten Sie versuchen, das entsprechende Standardwerk für diese Fachrichtung zu finden.

Wenn Sie abgesehen vom Umgang mit Lehrbüchern noch relativ unerfahren mit wirtschaftswissenschaftlicher Literatur sind, wird es Ihnen wahrscheinlich schwer fallen, die Qualität der von Ihnen recherchierten Literatur einzuschätzen. Grundsätzlich sollten Sie natürlich die Quelle lesen und danach versuchen, sich ein Urteil zu bilden. Da Sie allerdings nicht die Zeit haben werden, alle Quellen zu dem Themenbereich ausführlich zu lesen, sollten Sie mit Blick auf die Relevanz der Quelle für Ihr Thema und die Aktualität der Quelle eine gewisse Vorauswahl treffen. Weil es Ihnen jedoch auch nach ausgiebiger Lektüre noch schwer fallen kann, die Qualität einer Quelle zu beurteilen, geben wir Ihnen im Folgenden einige Hinweise, die Sie dabei unterstützen können.

Überprüfen Sie, wo die Publikation erschienen ist. Handelt es sich beim Erscheinungsort um einen renommierten Wissenschaftsverlag (wie beispielsweise Cambridge University Press, Edward Elgar, Elsevier, Emerald, McGraw-Hill, MIT Press, Oxford University Press, Princeton University Press, Springer, University of Chicago Press und Wiley)? Falls die Publikation nicht von einem Verlag, sondern von einer Institution herausgegeben wurde, prüfen Sie, ob es sich bei ihr um eine angesehene wissenschaftliche Einrichtung handelt und ob die Aussagen als objektiv anzusehen sind. Grundsätzlich sollten alle Publikationen von angesehenen wissenschaftlichen Einrichtungen objektiv sein, doch kann es einen Unterschied machen, ob Sie eine Studie z. B. zum Mindestlohn von einem eher arbeitnehmer- oder einem eher arbeitgebernahen Institut lesen. Zu wissen, wie Sie die getroffenen Aussagen einzuordnen haben, ist daher mitunter erforderlich. Falls die Publikation weder in einem Verlag erschienen ist noch von einer renommierten Institution herausgegeben wurde, sondern durch den Autor selbst evtl. ausschließlich im Internet veröffentlicht wurde, sollten Sie die Inhalte besonders kritisch betrachten. **Prüfen Sie, ob der Autor in dem jeweiligen Fachgebiet bekannt ist**, d. h. ob er weitere evtl. sogar in angesehenen Zeitschriften veröffentlichte Publikationen aufweist, ob seine Veröffentlichungen – und vor allem die Sie interessierende Publikation – häufig zitiert werden, und schließlich, ob er an einer angesehenen Institution beschäftigt ist. Informationen zu den Veröffentlichungen vieler Wissenschaftler und darüber, wie häufig diese zitiert wurden, finden Sie z. B. in den folgenden Onlinedatenbanken: ISI Web of Science (ein lizenzpflichtiges Angebot, das jedoch an vielen Hochschulen für Studierende kostenlos zur Verfügung steht), Research Papers in Economics (http://repec.org) oder Social Sciences Research Network (www.ssrn.com). Auch Google Scholar (http://scholar.google.de) weist bei einer Suche aus, wie häufig eine Publikation zitiert wurde, jedoch sind diese Angaben ungenauer als die der oben genannten Datenbanken, da Google Scholar auch nicht-wissenschaftliche Quellen heranzieht. So wird z. B. auch als Zitat gewertet, wenn ein Lehrbuch in einer online verfügbaren Vorlesungsbeschreibung angegeben wird. Die Häufigkeit der Zitation ist jedoch nur ein weiterer Indikator für die Qualität einer Veröffentlichung, da die Tatsache, dass eine bestimmte Publikation häufig zitiert wird, nicht zwangsläufig als Gütekriterium zu verstehen ist. So kann es z. B. zur Bildung so genannter Zitierzirkel kommen, bei denen einander wohl gesonnene Forscher hauptsächlich einander zitieren.

Die obigen Prüfschritte sollten Sie bei Publikationen anwenden, die nicht in einer begutachteten Zeitschrift (engl. Peer-Reviewed Journal oder Refereed Journal) erschienen sind. Daher sollten Sie bei einem Aufsatz aus einer Fachzeitschrift zunächst **herausfinden, ob die Zeitschrift ein Peer-Review Verfahren zur Qualitätssicherung anwendet**. Diese Information finden Sie üblicherweise auf den Internetseiten der jeweiligen Zeitschrift unter „Editorial Policy" oder „Journal Policies".

Tipp

Damit Sie wissen, wie eine Beschreibung eines Peer-Review Verfahrens aussehen kann und wo Sie diese Informationen auf der Internetseite der Zeitschrift finden können, schauen Sie sich einmal die Beschreibung des Peer-Review Prozesses des „American Economic Review" an. Sie finden die Beschreibung unter „Information for Authors".

Handelt es sich um eine referierte Zeitschrift, können Sie davon ausgehen, dass der Aufsatz einen gewissen Qualitätsstandard erfüllt und somit zitierfähig ist. Allerdings existieren auch zwischen den begutachteten Zeitschriften erhebliche Qualitätsunterschiede, die dazu führen, dass sich die wissenschaftliche Reputation der Zeitschriften deutlich unterscheidet. Diese Reputationsunterschiede sollten Sie bei der Auswahl Ihrer Literatur berücksichtigen. Wenn ein Aufsatz aus einer international weniger angesehenen Zeitschrift für Ihr Thema relevant ist, dann sollten Sie ihn natürlich auch verwenden. Wurde jedoch ein ähnlicher Artikel in einer sehr angesehenen Zeitschrift veröffentlicht, sollten Sie diesen in der Regel bevorzugen. Dabei müssen Sie jedoch berücksichtigen, dass der Großteil der international angesehenen Zeitschriften aus den USA oder Großbritannien stammt und daher europäische bzw. spezifisch deutsche Fragestellungen seltener behandelt werden. Insbesondere für betriebswirtschaftliche Themen gilt daher, dass Sie auch deutsche Journals berücksichtigen sollten. Die folgende unvollständige Übersicht zeigt Ihnen jeweils fünf referierte Fachzeitschriften mit eher betriebswirtschaftlichem bzw. eher volkswirtschaftlichem Schwerpunkt aus Deutschland.

Übersicht referierter Fachzeitschriften aus Deutschland

Betriebswirtschaftslehre

- Die Betriebswirtschaft (DBW)
- Journal für Betriebswirtschaft (JfB)
- OR Spectrum
- Schmalenbachs Zeitschrift für betriebswirtschaftliche Forschung (zfbf)
- Zeitschrift für Betriebswirtschaft (ZfB)

Volkswirtschaftslehre

- German Economic Review
- Jahrbücher für Nationalökonomie und Statistik
- Journal of Economics
- Perspektiven der Wirtschaftspolitik
- Schmollers Jahrbuch

Eine Hilfe zur Einschätzung der wissenschaftlichen Reputation von Zeitschriften sind **Journal-Rankings**. Die Rangfolge in den Rankings basiert auf unterschiedlichen Faktoren wie z. B. auf Umfragen unter Wissenschaftlern oder der Häufigkeit der Zitierung von Artikeln des Journals und variiert daher teilweise erheblich. Angesehene Rankings sind z. B. der „Journal Impact Factor" des „Institute for Scientific Information (ISI)" (er gibt an, welche durchschnittliche Zitierungsrate die Artikel einer Zeitschrift in einem bestimmten Jahr erzielt haben) und der „Academic Journal Quality Guide" der „Association of Business Schools (ABS)". Ersterer ist ein lizenzpflichtiges Angebot, das jedoch an vielen Hochschulen zur Verfügung steht. Zudem weisen viele Zeitschriften ihren „Impact Factor" auf ihrer Homepage aus. Der „Academic Journal Quality Guide" ist dagegen ein freizugängliches Angebot, das unter www.the-abs.org.uk heruntergeladen werden kann. In Deutschland haben in den vergangenen Jahren insbesondere die vom Handelsblatt veröffentlichten Rankings große Aufmerksamkeit erzielt. Die den Handelsblatt-Rankings zugrunde liegenden Zeitschriftenlisten für BWL und VWL können Sie unter www.forschungsmonitoring.org herunterladen. Die folgende Liste zeigt Ihnen jeweils fünf international hochangesehene Journals für BWL und VWL.

Übersicht Top-Journals BWL und VWL

Betriebswirtschaftslehre

- Academy of Management Journal
- Academy of Management Review
- Administrative Science Quarterly
- Journal of Finance
- Journal of Marketing

Volkswirtschaftslehre

- American Economic Review
- Econometrica
- Journal of Political Economy
- Quarterly Journal of Economics
- Review of Economic Studies

Die folgende Übersicht fasst die oben dargestellten Schritte, die Sie zur Überprüfung der Qualität Ihrer Literaturquellen durchführen sollten, zusammen.

Leitfragen zur Beurteilung der Qualität einer Literaturquelle

- Um welche Art von Literaturquelle handelt es sich?
- Handelt es sich um einen Aufsatz aus einer Fachzeitschrift?
  → Wird die Qualität der Aufsätze durch ein Peer-Review Verfahren überprüft?
  → Wie angesehen ist die Zeitschrift? Ist sie in den bekannten Rankings vertreten?

- Wenn es sich nicht um einen Aufsatz aus einer Fachzeitschrift handelt, ist die Publikation in einem Fachverlag erschienen?
  → Wie ist die wissenschaftliche Reputation des Autors einzuschätzen?
- Wenn die Publikation nicht in einem Fachverlag erschienen ist, wurde sie von einer renommierten Institution herausgegeben?
  → Ist die Institution auf diesem Gebiet als objektiv einzuschätzen?
  → Wie ist die wissenschaftliche Reputation des Autors einzuschätzen?
- Wenn die Publikation nicht von einer renommierten Institution herausgegeben wurde, von wem wurde sie veröffentlicht?
  → Wie ist die wissenschaftliche Reputation des Autors einzuschätzen?

7.1.2 Systematisches Vorgehen bei der Literaturrecherche

Für die verschiedenen Stufen der Literaturrecherche ist es sinnvoll, unterschiedliche Suchinstrumente und Literaturarten zu verwenden. Ein übliches Vorgehen ist dabei, mit der allgemeinsten und am einfachsten zugänglichen Quelle (Lexikon, Wikipedia) zu beginnen und sich zu den aktuellen und speziellen Artikeln in den relevanten Fachzeitschriften vorzuarbeiten. Nachfolgend stellen wir Ihnen **eine mögliche Strategie** vor, mit der Sie eine umfangreiche Literaturrecherche durchführen können.

Bevor Sie jedoch mit der eigentlichen Literaturrecherche beginnen, sollten Sie sich **zuerst mit Ihrem Thema bzw. Ihrer Fragestellung vertraut machen**. Beinhaltet das Thema Begriffe, Fachtermini oder Definitionen? Wie in Kapitel 3.2.3 beschrieben, sollten Sie diese nachschlagen, um Ihr Thema richtig zu verstehen. Ein Beispiel wäre die Themenstellung *Analyse der Beschäftigungseffekte von branchenspezifischen Mindestlöhnen am Beispiel der Mindestlohnverordnung im Bauhauptgewerbe*. Hier wäre zu klären:

- Was sind Beschäftigungseffekte und existieren unterschiedliche Arten?
- Was wird unter branchenspezifischen Mindestlöhnen verstanden?
- Was besagt die Mindestlohnverordnung im Bauhauptgewerbe?
- Welche Branchen zählen zum Bauhauptgewerbe?

Eine kurze Recherche sollte zur Klärung dieser Fragen ausreichen. Sie können hierzu die Begriffe in Ihnen bekannten Fachlexika nachschlagen oder auch googlen. Eine kostenfreie Möglichkeit zum Nachschlagen ist das Gabler Wirtschaftslexikon Online, das von Experten geschrieben und kontinuierlich redaktionell geprüft wird. Wenn Sie Ihr Thema selbst festgelegt haben, sollten Sie diesen Punkt bereits abgeschlossen haben, bevor Sie das Thema Ihrem Betreuer vorschlagen.

Die Analyse Ihres Themas bzw. Ihrer Fragestellung zeigt Ihnen auch Möglichkeiten für eine weitere Eingrenzung auf (vgl. Kap. 3.2.4). So könnte bei der oben vorgestellten Fragestellung zwischen Beschäftigungseffekten, die sich auf das Niveau der Beschäftigung (also z. B. die Arbeitslosenquote) oder die Struktur der Beschäftigung (befristete bzw. unbefristete Beschäftigung) auswirken, unterschieden werden.

Nachdem Sie Ihr Thema und ggf. Ihre Fragestellung verstanden haben, sollten Sie mit der ersten Literaturrecherche beginnen. Dafür empfehlen wir Ihnen, von Beginn an ein **Literaturverwaltungsprogramm** (vgl. Kap. 6.1) zu verwenden, das Ihnen die Sammlung und Bearbeitung Ihrer Quellen ermöglicht. Des Weiteren erspart Ihnen ein solches Programm viel Arbeit bei der Zitation Ihrer Quellen im Text und der Erstellung Ihres Literaturverzeichnisses.

Zu Beginn Ihrer Recherche sollten Sie die zentralen Begriffe Ihres Themas herausschreiben und **nach möglichen Synonymen und verwandten Ausdrücken suchen**, um weitere sinnvolle Begriffe für Ihre Recherche zu ermitteln. Hierzu sollten Sie Synonymlexika und insbesondere Fach-Thesauri verwenden. Empfehlenswert sind unter anderem der „Standard-Thesaurus Wirtschaft" der „Deutschen Zentralbibliothek für Wirtschaftswissenschaften (ZBW)" und der „Standard Thesaurus Wirtschaft" innerhalb der Datenbank „wiso" (www.wiso-net.de/thesaurus).

Nachdem Sie die zentralen Begriffe für Ihre Recherche festgelegt haben, können Sie mit Ihrer eigentlichen Quellensuche beginnen. Hierzu sollten Sie die **Begriffe und die ihnen übergeordneten Themengebiete in Fachlexika und Handwörterbüchern** nachschlagen. Die in den Artikeln zitierten Quellen und die weiterführenden Literaturhinweise sind ein guter Einstieg in Ihre weitere Literaturrecherche, weil sie in der Regel grundlegende Beiträge zu dem jeweiligen Forschungsgebiet liefern. Weil Sie mit dieser Art der Recherche lediglich Quellen finden können, die vor der Veröffentlichung des Fachlexikons oder des Handwörterbuchs erschienen sind, ist es zudem sinnvoll, die Publikationslisten der zitierten Autoren zu überprüfen, die Sie meist in ihren veröffentlichten Lebensläufen, auf ihren Internetseiten oder in den bekannten Datenbanken (z. B. http://ideas.repec.org) finden. Denn Wissenschaftler arbeiten meistens über einen längeren Zeitraum an einem Forschungsgegenstand und haben daher mit hoher Wahrscheinlichkeit mehrere Publikationen zu einem Themengebiet verfasst. Durch die so gefundenen Publikationen und die weitere Überprüfung der in dieser Literatur zitierten Quellen (anhand des jeweiligen Literaturverzeichnisses) werden Sie schnell zu vielen Quellen gelangen.

Doch stellen die in den Beiträgen der Fachlexika und Handwörterbücher zitierten Quellen nur einen Ausschnitt der relevanten Literatur dar. Daraus ergibt sich, dass Sie für eine umfassende Recherche weitere Quellen heranziehen müssen. Das wichtigste und umfangreichste Suchinstrument sind **Onlinedatenbanken**. Sie werden unterschieden in reine Onlinebibliographien, also Verzeichnisse, die Literatur lediglich auflisten, und sogenannte Volltextdatenbanken, die alle für Sie zugänglichen Artikel direkt als Download zur Verfügung stellen. Rein bibliographische Datenbanken bieten häufig die Möglichkeit einer Verfügbarkeitsrecherche. Dadurch können Sie umgehend erfahren, ob Sie die Quelle in Ihrer Bibliothek ausleihen können. Des Weiteren besteht bei vielen bibliographischen Datenbanken die Möglichkeit, eine sogenannte Fernleihbestellung vorzunehmen.

Als nächsten Schritt sollten Sie in speziellen **Dissertations- und Habilitationsdatenbanken** nach Arbeiten zu Ihrem Themengebiet suchen. Eine Möglichkeit hierzu bietet die Deutsche Nationalbibliothek (https://portal.d-nb.de), in der alle deutschen und deutschsprachigen Publikationen archiviert sind. Die Suche im dortigen Bibliothekskatalog kann mit dem Schlüssel „Hochschulschriftenvermerk" und der Angabe von „diss" bzw. „habil" auf Dissertationen bzw. Habilitationen eingegrenzt werden. Weiterhin können Sie die Suche durch die Kombination mit zusätzlichen Kriterien, z. B. „Hauptsachgruppe: 330", auf Publikationen aus dem Bereich der Wirtschaftswissenschaften einschränken. Dissertationen und Habilitationen bieten durch die ausführliche Bearbeitung des Themengebiets häufig einen guten Literaturüberblick oder eignen sich zumindest als Ergänzung zu Ihrer bisherigen Recherche.

Für eine umfangreiche Literaturrecherche ist es unerlässlich, dass Sie in mehreren Bibliotheks- und Fachdatenbanken recherchieren. Monographien und Lehrbücher, aber auch die oben beschriebenen Fachlexika, Handwörterbücher, Dissertationen und Habilitationen sind in **Bibliothekskatalogen** verzeichnet. Beinahe jede größere Bibliothek verfügt über solche als OPAC bezeichneten Onlinekataloge, in denen Sie mit kombinierbaren Kriterien nach relevanter Literatur recherchieren können. Hilfreiche Suchschlüssel sind insbesondere die Titelstichwort- und Schlagwortsuche. In der Regel ist die Suche jedoch auf den lokalen Bestand beschränkt. Sie sollten daher umfangreichere Kataloge für Ihre Suche verwenden. Empfehlenswert sind der „Karlsruher Virtuelle Katalog (KVK)" (www.ubka.unikarlsruhe.de/kvk) und die „Digitale Bibliothek (DigiBib)“ (www.digibib.net/Digibib), in denen Sie auch nach Aufsätzen aus Fachzeitschriften suchen können. Den Katalog Ihrer Bibliothek sollten Sie nur nutzen, um zu überprüfen, ob eine Publikation in Ihrer Bibliothek vorhanden ist. Falls dies nicht der Fall ist, kann Ihnen Ihre Bibliothek über die Fernleihe in der Regel beinahe jede Publikation relativ kostengünstig beschaffen.

Die wichtigsten Quellen für Ihre Literaturrecherche sind die speziellen **Fachdatenbanken** für Zeitschriften wie z. B. „Academic Search Premier“, „ISI Web of Science“, „JSTOR“ und für deutschsprachige Artikel „wiso“. Diese Datenbanken bieten Ihnen unter anderem die Möglichkeit, nach Stichwörtern in den Titeln, Abstracts und Volltexten der Aufsätze zu suchen. Zudem können Sie die für Ihre Hochschule freigeschalteten Artikel direkt als PDF-Dateien herunterladen. Aktuelle Discussion Paper sind in den meisten Aufsatzdatenbanken hingegen nicht verzeichnet. Hierzu müssen Sie spezielle Datenbanken wie das „Social Science Research Network (SSRN)“ (www.ssrn.com) oder „Research Papers in Economics (RePEc)“ (http://repec.org) verwenden. Eine nützliche Ergänzung zu der Recherche in den genannten Datenbanken sind die von der „Deutschen Zentralbibliothek für Wirtschaftswissenschaften (ZBW)“ angebotene „Virtuelle Fachbibliothek Wirtschaftswissenschaften (EconBiz)“ (www.econbiz.de) und „Google Scholar“ (http://scholar.google.de). Beide Portale ermöglichen die gleichzeitige Suche nach Monographien, Artikeln aus Fachzeitschriften und Discussion Papers. Für beide gilt jedoch auch, dass sie unvollständig und daher als alleiniges Rechercheinstrument nicht ausreichend sind. Zu „Google Scholar“ ist zudem anzumerken, dass es fachübergreifend ist und die Inhalte von Servern kooperierender Verlage und Datenbankanbietern automatisch ausgewertet werden. Dies führt dazu, dass eine unpräzise Suchanfrage eine Vielzahl an irrelevanten Treffern hervorbringt (eine ausführliche Darstellung der Nachteile von „Google Scholar“ finden Sie bei Krüger, 2009). Für eine systematische Recherche empfehlen wir Ihnen daher, „EconBiz“ zumindest mit einer der Fachdatenbanken für Zeitschriften zu kombinieren.

Arbeitsschritte bei einer systematischen Literaturrecherche

- Thema/Fragestellung verstehen
- Zentrale Begriffe bestimmen
- Synonyme und verwandte Ausdrücke suchen
- Begriffe/Themengebiete in Fachlexika und Handwörterbüchern nachschlagen

- Die dort zitierten Quellen und Autoren überprüfen
- Suche nach relevanten Dissertationen und Habilitationen
- Suche nach Monographien in Fach- und Verbundkatalogen
- Recherche nach Zeitschriftenartikeln in Fachdatenbanken
- Recherche nach aktuellen Discussion Papers in den speziellen Datenbanken

Zu wissen, wo Sie Literatur finden, ist für eine systematische Recherche nicht ausreichend. Gerade durch die Verwendung von Datenbanken werden Sie häufig sehr viele Treffer haben. Für eine effiziente Suche sollten Sie daher einige Hinweise beachten. Wie oben beschrieben, sollten Sie Synonyme und verwandte Begriffe in Ihre Recherche einbeziehen. Da die Fachsprache in den Wirtschaftswissenschaften Englisch ist, sollten Sie auch nach den englischen Synonymen suchen. Außerdem müssen Sie beachten, dass bei einer automatischen Suche die Datenbank nach einer speziellen Zeichenkette, nicht aber nach der Bedeutung des Wortes durchsucht wird. Daher müssen Sie bei Ihrer Anfrage mithilfe von Platzhaltern unterschiedliche Schreibweisen und grammatikalische Endungen (z. B. Pluralformen) berücksichtigen. Da sich die dafür vorgesehenen Zeichen – meist * oder ? – in den verschiedenen Datenbanken unterscheiden, sollten Sie sich unbedingt den entsprechenden Hilfetext der Datenbank ansehen. Ohne die jeweils dort zu findenden Hinweise ist keine zielgerichtete Recherche möglich!

Eine weitere wichtige Option zur effizienteren Gestaltung Ihrer Recherche sind die sogenannten **Booleschen Operatoren** „AND“, „OR“ und „NOT“, die der Mengenlehre der Mathematik entstammen. Mit ihnen können Sie Begriffe in einer Suchabfrage kombinieren. Führen Sie z. B. eine Recherche zu dem Thema *Effekte von Weiterbildungsmaßnahmen auf das Arbeitseinkommen von Immigranten in Deutschland* durch, so könnte eine Suche unter Verwendung des Operators „AND“ folgendermaßen aussehen: *Weiterbildungsmaßnahmen AND Arbeitseinkommen AND Immigranten*. Dadurch werden nur Publikationen als Treffer aufgelistet, deren Titel alle drei Begriffe enthalten. Dagegen werden bei dem Operator „OR“ auch Dokumente als Treffer angezeigt, die lediglich einen der mit „OR“ verbundenen Suchbegriffe im Titel enthalten. Zur Einschränkung Ihrer Trefferliste können Sie den Operator „NOT“ verwenden, durch den Texte, die die mit ihm verknüpften Begriffe aufweisen, im Vorhinein aus der Trefferanzeige ausgeschlossen werden. Eine Suchanfrage unter Anwendung aller vorgestellten Operatoren könnte demnach wie folgt aussehen:

„(*Arbeitseinkommen* OR *Lohn*) AND (*Immigranten* OR *Migranten* OR *Minderheiten*) NOT *Arbeitslosigkeit*".

Auch die Verwendung der Booleschen Operatoren unterscheidet sich in den verschiedenen Datenbanken. So wird in deutschsprachigen Datenbanken häufig die deutsche Übersetzung der Operatoren verwendet. Daher ist es auch hierfür empfehlenswert, sich den entsprechenden Hilfetext der Datenbank anzusehen. Die Zeit, die Sie in das Erlernen der Verwendung von Platzhaltern und Booleschen Operatoren investieren, wird sich bei Ihren Rechercheergebnissen und insbesondere bei der Auswertung der Trefferlisten mehr als auszahlen.

Mit all den aufgezeigten Literaturquellen und Instrumenten ist es problemlos möglich, eine wochenlange Literaturrecherche durchzuführen. Es entspricht jedoch nicht der Aufgabe einer Seminar- oder Abschlussarbeit, die gesamte Literatur eines Forschungszweiges zu finden und darzustellen. Viel entscheidender ist, dass Sie **die wesentliche Literatur finden** und berücksichtigen. Dies ist zumeist eine Kombination aus grundlegender Literatur des Forschungsgebiets und aktuellen Publikationen, die Ihre spezifische Fragestellung behandeln. Eine Anzahl an Mindestquellen ist nicht ohne Weiteres festlegbar, da die Zahl der Publikationen je nach Themengebiet und Umfang der Arbeit stark variiert. Besprechen Sie unbedingt mit Ihrem Prüfer, ob er eine Mindestanzahl an Quellen erwartet.

Eine **erste Recherche** sollten Sie beenden, wenn Sie den Eindruck haben, einen ausreichenden Überblick über das Thema gewonnen zu haben. Ein guter Zeitpunkt dafür ist, wenn Sie feststellen, dass Sie die grundlegende Literatur und einige aktuellere Publikationen gefunden haben. Dass dies der Fall ist, merken Sie zum Beispiel daran, dass Sie in mehreren Quellen zitierte Texte bereits vorliegen haben und dass weitere Quellen inhaltlich zunehmend Überschneidungen zu Ihnen bereits bekannten Informationen aufweisen. Doch auch während der Arbeit an Ihrem Text werden Sie wahrscheinlich gelegentlich nach weiterer Literatur recherchieren müssen, weil Sie vorab kaum überschauen können, für welche Punkte in Ihrer Argumentationskette oder für welche neuen Ideen Sie eventuell weitere Literatur benötigen werden.

Tipp

- Eine hervorragende Einführung zur Literaturrecherche mit vielen weiteren Hinweisen und Links findet sich auf den Seiten der „Virtuellen Fachbibliothek Wirtschaftswissenschaften"

(EconBiz) unter dem Stichwort „Lotse – Library Online Tour and Self Paced Education" (www.econbiz.de). Unter anderem stehen Ihnen dort kurze Einführungsvideos zu verschiedenen Themen der Literaturrecherche zur Verfügung (http://lotse.uni-muenster.de).

- Auf den Seiten der „Deutschen Zentralbibliothek für Wirtschaftswissenschaften" finden Sie eine von Nicole Krüger verfasste Serie „Recherchieren wie die Profis – Tipps von der ZBW", die Ihnen viele nützliche Hinweise zur Quellenrecherche gibt. Die Serie wird monatlich um neue Beiträge erweitert (www.zbw.eu/kataloge/recherchieren_wie_die_profis.htm).

7.2 Quellen bearbeiten: anlesen, querlesen, sortieren

Wenn Sie den Hinweisen zum Recherchieren aus obigem Unterkapitel gefolgt sind, haben Sie die Anzahl der gefundenen Quellen bereits nach zwei unterschiedlichen Kriterien reduziert: nach ihrer Qualität und – vom Titel der Quelle ausgehend – ihrer Relevanz für Ihre Fragestellung. Wir möchten Ihnen nun einige Tipps dazu geben, wie Sie die verbleibenden Quellen bearbeiten können, um nötigenfalls ihre Anzahl weiter zu reduzieren und sie so zu sortieren, dass Sie sie dann wiederfinden, wenn Sie sie benötigen.

Tipp

Öffnen Sie für die folgenden Arbeitsschritte Ihre (erste Fassung der) Gliederung entweder in Ihrer Textverarbeitung oder – besser – in Ihrer Literaturverwaltungssoftware.

Schritt 1: Einen Überblick gewinnen

Um einen Überblick darüber zu bekommen, ob eine Quelle für Ihre Arbeit geeignet ist, sollten Sie zunächst ggf. den Abstract oder den Klappentext lesen. Falls Sie anschließend davon ausgehen, dass der Text für Ihre Arbeit bzw. einzelne Gliederungspunkte Ihrer Arbeit geeignet ist, oder falls kein Abstract bzw. Klappentext vorhanden ist, sollten Sie die Einleitung lesen: Sie gibt in der Regel Auskunft über das Thema des Textes und das mit ihm verbundene Ziel. Nicht immer (aber oft) erfahren Sie darin zudem, in welchen Schritten die Autoren vorgehen, also wie der Text aufgebaut ist.

Falls Sie nun entweder noch unsicher sind, ob die Quelle für Sie relevant ist, oder Sie bereits wissen, dass sie relevant ist, sollten Sie im nächsten Schritt das Schlusskapitel (Conclusion, Summary oder Fazit) lesen. Da dort die Ergebnisse des Textes benannt werden, können Sie nach der Lektüre besser einschätzen, ob und ggf. wofür die Quelle geeignet ist.

Schritt 2: Zielgerichtet lesen

Falls Sie im Rahmen von Schritt 1 festgestellt haben, dass die Quelle für Sie relevant ist, sollten Sie ein Ziel für die weitergehende Lektüre festlegen. Klären Sie dafür die Frage, welche Informationen Sie aus dem Text für welches Kapitel Ihrer Arbeit benötigen. Überlegen Sie anschließend auf der Grundlage Ihrer Lektüreergebnisse aus Schritt 1, wo Sie die erforderlichen Informationen in der Quelle finden werden. Auch die Zwischenüberschriften bzw. ggf. die Gliederung der Quelle hilft dabei, dies zu entscheiden. Suchen Sie dann die erforderlichen Informationen an den dafür geeigneten Orten.

Falls Sie einen Text beispielsweise nach einzelnen Informationen durchsuchen möchten, sollten Sie ihn ‚querlesen': Wenn der Text dafür keine systematischen Hilfsmittel liefert, z. B. in Form von Markierungen zentraler Inhalte oder Zusammenfassungen jedes Absatzes am Rand des Textes (sog. Marginalien), können Sie sich an der Absatzstruktur orientieren: In gut geschriebenen Texten behandelt jeder Absatz lediglich einen Themenaspekt, der oft im ersten oder letzten Satz des Absatzes benannt wird.

Zielgerichtet zu lesen bedeutet also: Lesen Sie alle Texte sorgfältig von Anfang bis Ende, die für Ihr Thema zentral sind. Wenn Sie jedoch beim Anlesen eines Textes bereits feststellen, dass er nicht vollständig für Ihr Thema relevant ist, sollten Sie ihn gezielt nach erforderlichen Informationen durchsuchen. Bei diesen Texten gilt: Haben Sie Mut zur Lücke – Ziel Ihrer Arbeit ist es nicht, dass Sie jeder einzelnen Quelle gerecht werden, sondern dass Sie die für Ihr Thema erforderlichen Informationen aus dafür geeigneten Quellen auffinden und verarbeiten.

Schritt 3: Relevante Informationen bereitlegen

Sie sollten sicherstellen, dass Sie keine Quelle zweimal mit demselben Ziel durcharbeiten: Sichern Sie also Ihre Ergebnisse so, dass Sie stets einen Überblick darüber haben, welche Quelle Sie auf welche Weise bearbeitet haben und welche Information Sie an welcher Stelle der Quelle finden.

Sie können dies beispielsweise gewährleisten, indem Sie Quellen so präzise wie möglich den einzelnen Punkten Ihrer Gliederung zuordnen. Das könnte für ein Kapitel einer Hausarbeit beispielsweise so aussehen:

2.2 Qualitative Merkmale von KMU

- Hackspiel: Unternehmensbewertung, M&A Review 03/2010, S. 131, rechte Spalte unten: gute Definition von KMU bzw. der Bedeutung qualitativer Merkmale für eine Definition.
- Mugler, Betriebswirtschaftslehre der Klein- und Mittelbetriebe, ganze S. 19: Katalog qualitativer Merkmale von KMU.
- Kaefer, Lutz, Unternehmensbewertung in kleinen und mittleren Unternehmen, S. 6, 2. Absatz: Sonderfälle von KMU, also Fälle, in denen schwer zu bestimmen ist, ob es sich um eins handelt: ein Unternehmen, dass zwar die quantitativen Merkmale eines KMU erfüllt, jedoch in einen Konzern eingegliedert ist und somit aufgrund eines häufig abgeschlossenen Beherrschungs- und Ergebnisabführungsvertrags mit der Muttergesellschaft in der Pflicht ist, erwirtschaftete Gewinne abzuführen.
- ...

Zusätzlich sollten Sie in einem Literaturverzeichnis vermerken, nach welchen Aspekten Sie Texte durchgesehen haben. So könnte bei einem der Texte aus dem vorherigen Beispiel vermerkt sein: *Habe den Text nur nach einer Definition durchsucht, also vor allem S. 7-9 gelesen. Könnte aber auch noch weiter wichtig sein.*

Wie Sie sehen, wurde teilweise bis auf den Absatz genau herausgeschrieben, wo sich die entsprechende Information findet. Das ist insbesondere dann erforderlich, wenn Sie eine Quelle nicht als PDF oder als Kopie vorliegen haben und dementsprechend nicht durch Markieren einer Textstelle gewährleisten können, dass Sie die Textstelle leicht wiederfinden.

Tipp

>> Literaturverwaltungssoftware bietet Ihnen vielfältige Möglichkeiten, Informationen aus Quellen Ihrer Gliederung zuzuordnen.

7.3 Quellen korrekt zitieren und Plagiate vermeiden

Die Abgabe eines Plagiats kann erhebliche negative Folgen für Sie haben. So müssen Sie damit rechnen, dass die Arbeit mit hoher Wahrscheinlichkeit als nicht bestanden gewertet wird. Zudem droht Ihnen bei mehrmaliger Verfehlung oder bei einem besonders schweren Täuschungsversuch die Exmatrikulation.

Plagiate können Sie nur vermeiden, wenn Sie entweder keine Ideen bzw. Gedanken anderer verwenden und somit die gesamte Arbeit eigenständig entwickeln oder indem Sie korrekt zitieren. Ersteres ist in einer wissenschaftlichen Arbeit kaum möglich, weil Sie darin Ihre Forschung in Bezug zu der bisherigen Literatur setzen müssen und ein wesentlicher Anspruch des Prüfers an Ihre Arbeit darin besteht, dass Sie die Literatur zu Ihrem Thema selbstständig auswerten sowie für die Beantwortung der eigenen Fragestellung nutzen. Damit generell für jede (!) Passage Ihrer Arbeit erkennbar ist, wessen Aussagen und Ergebnisse Sie auf welche Weise verarbeiten, müssen Sie die der Aussage oder dem Ergebnis zugrunde liegende Literatur präzise angeben. Mit anderen Worten: Grundsätzlich müssen Sie jede Verwendung fremden geistigen Eigentums, d. h. jede Übernahme von Ideen, Gedanken und Argumenten aus einer Quelle als Übernahme kennzeichnen. Dies gilt nicht nur für die wortwörtliche Verwendung, sondern auch für sinngemäße Übernahmen. Das bedeutet konkret, dass alle Informationen, die zwischen zwei Literaturangaben stehen, der letztgenannten Quelle entstammen, es sei denn, Sätze werden beispielsweise mit Formulierungen wie „Daran wird deutlich …" oder „Hier zeigt sich" als eigenständige Schlüsse gekennzeichnet. Insofern gibt es keine Höchstanzahl von Quellenangaben pro Seite: Auf einer Seite Ihrer Arbeit mag es möglich sein, dass Sie beispielsweise 14 Quellenangaben verwenden müssen, auf einer anderen nur zwei.

Für Quellenbelege sollten Sie soweit möglich Primärquellen verwenden, selbst wenn Ihnen die für Sie wichtige Passage einer Primärquelle vollständig in einer Sekundärquelle vorliegt. Es ist also nicht ohne Weiteres erlaubt, ein Argument aus Quelle A zu zitieren, das in dieser bereits als Zitat aus Quelle B aufgeführt wird. Ausschließlich wenn es Ihnen absolut nicht möglich ist, die Primärquelle einzusehen, dürfen Sie auf der Grundlage von Quelle B zitieren. So zitieren Sie in diesem Fall zwar die Primärquelle, ergänzen Ihren Quellenbeleg jedoch mit dem Zusatz „zitiert nach" und der Ihnen vorliegenden Quelle.

Form des Quellenbelegs

In den Wirtschaftswissenschaften gibt es keinen Zitationsstil, der unisono verwendet wird. Stattdessen existiert eine Vielzahl an Stilen, die sich bei der Form des Quellenbelegs im Text und der Art der Auflistung der Literatur im Literaturverzeichnis teilweise erheblich unterscheiden. Sie sollten daher mit Ihrem Prüfer klären, welchen Stil Sie verwenden sollen.

An dieser Stelle zeigen wir Ihnen die zwei grundsätzlichen Möglichkeiten eines Quellenbeleges im Text. Bei allen weiteren Beispielen verwenden wir die amerikanische Zitierweise. Wie die im Text zitierte Literatur im Literaturverzeichnis dargestellt wird, zeigen wir Ihnen in dem entsprechenden Abschnitt. Unabhängig davon, welche Zitierweise Sie wählen, gilt jedoch, dass Ihre Zitate eindeutig gekennzeichnet, einheitlich in der Darstellung und aufgrund der Angaben nachvollziehbar sein müssen. Darüber hinaus müssen alle Quellenbelege aus dem Text auch im Literaturverzeichnis enthalten sein.

1. Die amerikanische Zitierweise

Der Kurzbeleg im Text steht direkt hinter dem Zitat und noch vor dem Satzzeichen. Die Angaben werden dabei in Klammern gesetzt. Die vollständige Literaturangabe findet sich im Literaturverzeichnis. Bei mehr als zwei Autoren wird nach dem erstgenannten Autor die Abkürzung „et al.“ (et alii, lateinisch für „und andere“) verwendet. Wird von einem Autor mehr als eine Publikation aus demselben Jahr verwendet und sind die Publikationen dadurch im Kurzbeleg nicht zu unterscheiden, so ist das Jahr der Publikationen im Kurzbeleg und im Literaturverzeichnis mit einem zusätzlichen Kleinbuchstaben zu ergänzen. Dabei werden die Buchstaben den Quellen in der Reihenfolge zugewiesen, in der sie in der Arbeit verwendet werden. Stammen die Argumente für ein Zitat von mehreren aufeinanderfolgenden Seiten einer Quelle, so wird dies durch die Angabe von f. für „folgende“ (bei zwei Seiten) bzw. ff. für „fortfolgende“ (bei mehreren Seiten) gekennzeichnet. Statt der Verwendung von f. und ff. können Sie auch eine exakte Seitenangabe vornehmen (also beispielsweise „S. 7-11“). Falls Sie keine Vorgaben haben, sollten Sie sich für eine Form entscheiden und diese konsistent verwenden. Bei Zeitungsartikeln, Institutionen und Internetauftritten ist anstelle des Autorennamens der Name der Zeitung, der Institution bzw. des Internetauftritts zu verwenden. Damit ergibt sich für den Kurzbeleg die folgende generelle Darstellung: (Autor, Jahr, Seitenzahl).

Beispiele:

Text des Zitates (Mustermann et al., 1999, S. 25).
Text des Zitates (Mustermann, 1999a, S. 25f.).
Text des Zitates (Mustermann, 1999a, S. 25ff.).
Text des Zitates (Mustermann, Musterfrau, 1999, S. 25-27).
Text des Zitates (Name Institution, 2002, S. 25).

2. Das Zitieren mit Fußnoten

Beim Zitieren mit Fußnoten wird die übernommene Aussage am Ende des Zitats mit einer hochgestellten fortlaufenden Fußnotennummer gekennzeichnet. Endet das Zitat mit einem Punkt, erscheint die Fußnotennummer ohne Leerzeichen direkt nach dem Punkt. Endet das Zitat dagegen mit einem Komma oder Semikolon, wird die Fußnotennummer direkt an das letzte Wort des Zitats angefügt und steht somit vor dem Satzzeichen. Die Quellenangabe zu der im Text hochgestellten Fußnotennummer steht in der eigentlichen Fußnote am Ende der Seite, auf der das jeweilige Zitat endet. Dabei erfolgt die Quellenangabe analog zu der oben vorgestellten Form mit Kurzbelegen, aber ohne die Umklammerung. Die Angabe des Kurzbeleges wird bei indirekten Zitaten um ein vorangestelltes „Vgl.“, das für „vergleiche“ steht, ergänzt. Die vollständige Literaturangabe befindet sich wie bei der amerikanischen Zitierweise im Literaturverzeichnis. Fußnoten werden durch einen kurzen Strich (ca. ein Drittel der Textbreite) vom restlichen Text der Seite abgegrenzt und in einer kleineren Schriftgröße als der Haupttext sowie in einzeiligem Zeilenabstand geschrieben. Diese Funktion ist in allen gängigen Textverarbeitungsprogrammen installiert, so dass die formale Umsetzung keine Probleme bereiten sollte.

Beispiel:

Das ist der Text des Zitates und er endet mit einem Punkt.[1]

Wörtliches Zitat

Wörtlich übernommene Passagen (Sätze, Satzteile, Definitionen etc.) müssen im Text durch Anführungszeichen („...“) kenntlich gemacht werden und am Ende des Zitats mit einem Quellenhinweis versehen werden. Oft werden sie zusätzlich kursiv gesetzt. Handelt es sich um ein mehrzeiliges Zitat, können Sie es außerdem durch Absätze, links- und rechtsseitige Texteinrückungen sowie eine Verringerung des Zeilenabstands vom Fließtext absetzen. Dies ist ab einer Länge von drei Zeilen üblich.

Bei wörtlichen Zitaten müssen Sie den exakten Wortlaut samt Schreibweise und Zeichensetzung übernehmen. Falls im Original Fehler vorliegen, müssen Sie auch diese übernehmen, können jedoch durch ein dem fehlerhaften Wort oder Zeichen nachgestelltes „[sic!]“ verdeutlichen, dass Sie den Fehler zur Kenntnis genommen haben. Es ist allerdings erlaubt, Auslassungen und Ergänzungen innerhalb eines Zitats vorzunehmen,

---

1 Vgl. Mustermann et al., 1999, S. 25.

solange diese kenntlich gemacht werden. Ein konventionelles Vorgehen ist dabei, Auslassungen durch drei Punkte in eckigen Klammern [...] und Ergänzungen des Zitierenden durch Setzung der Ergänzung in eckige Klammern zu kennzeichnen. Dies ist vor allem erforderlich, wenn Sie die Grammatik eines Teilsatzes verändern müssen, damit er in Ihren Satz integriert werden kann. Englischsprachige Texte können Sie in der Regel unübersetzt zitieren. Anderssprachige Zitate sollten jedoch übersetzt und mit der Anmerkung „Übersetzung des Verfassers" versehen werden.

Grundsätzlich sollten Sie wörtliche Zitate äußerst sparsam verwenden. Erlaubt sind sie nur, wenn Sie einen guten Grund für ihre Verwendung haben. Der wäre beispielsweise gegeben, wenn Sie eine komplexe Definition zitieren, wenn Sie – beispielsweise in der Einleitung – eine starke Wertung eines Autors nutzen, um unterschiedliche Perspektiven auf den Gegenstand aufzuzeigen, oder wenn Sie die Aussage eines Autors kritisieren. Zur Einschätzung, wie selten dies der Fall sein wird, achten Sie in den von Ihnen zu lesenden Artikeln einmal darauf, wann die Autoren direkte Zitate verwenden.

Beispiel:
„Dies ist ein direktes Zitat, welches durch [...] abgekürzt werden kann, falls innerhalb eines Direktzitates einige Sätze, Satzteile oder Wörter irrelevant sind, und durch eine Anmerkung [hier steht die Anmerkung des Zitierenden] ergänzt werden kann, wann immer eine Ergänzung notwendig ist." (Nachname, Jahr, Seite)

Vielen Studierenden fällt es schwer zu entscheiden, ob ihre Formulierungen so nah am Wortlaut der Quelle sind, dass sie als direktes Zitat gekennzeichnet werden müssten. Plagiatssoftware sucht in der Regel nach drei identischen Wörtern, die nicht als direktes Zitat gekennzeichnet sind. Handelt es sich bei einem Treffer jedoch um allgemeine Wortkombinationen (z. B. „Im Folgenden wird" oder „dem kann entgegen gehalten werden", ist das natürlich unproblematisch. Im Zweifel sollten Sie also stets versuchen, sich vom Wortlaut her deutlich von der Quelle zu lösen, wenn Sie nicht direkt zitieren. Das gilt auch, wenn Sie englische Quellen in einer deutschsprachigen Arbeit nutzen: Eine bloße Übersetzung, die Sie nicht als solche kenntlich machen, kann im Zweifel ebenfalls als Plagiat gewertet werden.

Indirektes Zitat

Sinngemäß übernommene Passagen, d. h. die inhaltliche Wiedergabe fremder Gedanken in eigenen Worten, werden nicht durch Anführungszeichen oder andere Hervorhebungen kenntlich gemacht, sondern sind Bestandteil Ihres Textes. Hauptsächliches Unterscheidungsmerkmal zu nicht zitierpflichtigen Textpassagen ist der Quellenbeleg am Ende des Zitats.

Beispiel:
Dies ist ein indirektes Zitat, bei dem es darum geht, ein Argument aus der Literatur in eigenen Worten darzustellen (Nachname, Jahr, Seite).

Indirekte Rede müssen Sie für indirekte Zitate nur verwenden, wenn Sie explizit die Sicht eines Forschers oder eines Autors benennen, aber dies in dem entsprechenden Satz ohne Verwendung indirekter Rede nicht deutlich würde. Dafür ein Beispiel: *Laut Coase können Märkte Externalitäten effizient handhaben. Bei hohen Transaktionskosten sei dies jedoch nicht gegeben.* Im ersten Beispielsatz wurde keine indirekte Rede verwendet, weil durch den expliziten Verweis auf Coase bereits offensichtlich ist, dass sich die dortige Aussage auf seine Position bezieht. Im Folgesatz wird anhand der indirekten Rede deutlich, dass die dortige Aussage ebenfalls Coase zuzuschreiben ist. Würde dort der Indikativ verwendet, würde die Aussage damit als Faktum gekennzeichnet – auch das ist zulässig.

Literaturverzeichnis

Das Literaturverzeichnis liefert die vollständigen Literaturangaben zu den im Text zitierten Quellen. Dadurch sollen die verwendeten Quellen für den Leser eindeutig und auffindbar sein. Dies bedeutet, dass das Literaturverzeichnis zumindest alle Angaben zu einer Quelle enthalten muss, die nötig sind, um die Quelle eindeutig zu identifizieren und aufzufinden. Des Weiteren müssen im Literaturverzeichnis ausnahmslos alle in der Arbeit wörtlich oder indirekt zitierten Quellen zusammengefasst werden. Quellen, die in der Arbeit nicht zitiert werden, dürfen auch nicht ins Literaturverzeichnis aufgenommen werden.

Die Quellen werden nach dem Namen des Autors bzw. der Institution in alphabetischer Reihenfolge sortiert. Eine Untergliederung der Quellen in Monographien, Zeitschriftenartikel und Internetquellen wird in der Regel nicht vorgenommen. Zur Auflistung der Quellen im Literaturverzeichnis gibt es eine Vielzahl an Möglichkeiten. Wir empfehlen Ihnen, sich unbedingt an die Vorgaben des betreuenden Prüfers zu halten. Sollten Sie keine Vorgaben erhalten, können Sie sich an den Richtlinien der „American Economic Association (AEA)“ orientieren, deren wichtigste Regeln wir Ihnen im Folgenden vorstellen. Dieser Zitationsstil stellt insbesondere für die

Volkswirtschaftslehre einen international anerkannten Standard dar. Eine ausführliche Beschreibung des Stils kann von der Internetseite der AEA heruntergeladen werden (www.aeaweb.org/sample_references.pdf). Zudem kann es sehr hilfreich sein, sich das Literaturverzeichnis eines in Ihrem präferierten Stil veröffentlichten Journalartikels als Beispiel anzusehen. Unabhängig davon, für welchen Stil Sie sich letztendlich entscheiden, sollten Sie unbedingt bei einem Stil bleiben und auf ein einheitliches Vorgehen achten. Dies gilt für die Erstellung Ihres Literaturverzeichnisses ebenso wie für die Form Ihrer Quellenbelege im Text.

Journal Artikel

Nachname, Vorname. Jahr. „Titel des Artikels." *Titel der Zeitschrift*, Ausgabe: Seitenzahlen.

Beispiel: **Acemoglu, Daron.** 2002. „Technical Change, Inequality, and the Labor Market." *Journal of Economic Literature*, 40(1): 7-72.

Bei zwei oder mehreren Autoren werden die Autoren nicht mit „et al." abgekürzt, sondern es gilt folgende Schreibweise:

Beispiel: **Baker, George, Robert Gibbons und Kevin J. Murphy.** 2002. „Relational Contracts and the Theory of the Firm." *Quarterly Journal of Economics*, 117(1): 39-84.

Bei Artikeln, die noch erscheinen werden, wird statt des Jahres ein „Erscheint" oder „Im Erscheinen" eingefügt:

Beispiel: **Bikhchandani, Sushil und Joseph M. Ostroy.** Erscheint. „Ascending Price Vickery Auctions." *Games and Economic Behavior.*

Monographien

Nachname, Vorname. Jahr. *Titel der Monographie.* Ort der Publikation: Verlag.

Beispiel: **Friedman, Thomas L.** 2005. *The World Is Flat: A Brief History of the Twenty-First Century.* New York: Farrar, Straus and Giroux.

Beispiel: **Helpman, Elhanan und Paul Krugman.** 1985. *Market Structure and Foreign Trade: Increasing Returns, Imperfect Competition, and the International Economy.* Cambridge, MA: MIT Press.

Artikel/Kapitel in Sammelbänden

Nachname, Vorname. Jahr. „Titel des Artikels." In *Titel des Sammelbandes*, Hg. Namen der Herausgeber, Seitenzahlen. Ort der Publikation: Verlag.

Beispiel: **Freeman, Richard B.** 1993. „How Much Has Deunionization Contributed to the Rise in Male Earnings Equality?" In *Uneven Tide: Rising Income Inequality in America,* Hg. Sheldon Danzinger und Peter Gottschalk, 133-163. New York: Russell Sage Foundation.

Mehrbändige Werke

Hierzu zählen z. B. Enzyklopädien oder mehrbändige Veröffentlichungen aus unterschiedlichen Jahren bzw. innerhalb eines Jahres.

Nachname, Vorname, Hg. Jahr. *Titel des Werkes.* Band. Ort der Publikation: Verlag.

Beispiel: **Kusuoka, Shigeo und Akira Yamazaki,** Hg. 2006. *Advances in Mathematical Economics.* Vol. 8. New York: Springer.

Discussion Paper

Discussion Paper, die als Teil einer Serie einer Institution veröffentlicht werden, sind in der Regel mit einer Seriennummer versehen, die angegeben werden muss.

Nachname, Vorname. Jahr. „Titel des Artikels." Titel der Discussion Paper Reihe mit Seriennummer.

Beispiel: **Heidhues, Paul und Botond Koszegi.** 2005. „The Impact of Consumer Loss Aversion on Pricing." Centre for Economic Policy Research Discussion Paper 4849.

Discussion Paper, die nicht in einer Discussion Paper Reihe erscheinen, jedoch im Internet zu finden sind (z. B. auf der Homepage des Autors oder der Universität des Autors), werden wie folgt zitiert:

Nachname, Vorname. Jahr. „Titel des Artikels." URL des Artikels.

Beispiel: **Zeitzewitz, Eric.** 2006. „How Widespread Was Late Trading in Mutual Funds." http://facultygsb.stanford.edu/zitzewitz/Research/latetrading.pdf

Dissertationen

Nachname, Vorname. Jahr. „Titel." Diss. Universität.

Beispiel: **Nash, John.** 1950. „Non-Cooperative Games." Diss. Princeton University.

Internetquellen

Werden Internetquellen verwendet, muss der direkte und vollständige Link mit Angabe des Zugriffsdatums aufgeführt werden.

Name der Webseite. Zugriffsjahr. Institution/Unternehmen/Verleger. URL (Zugriffsdatum).

Beispiel: **Biography Resource Center.** 2006. Thomas Gale. http://www.galegroup.com/BiographyRC/ (Zugriffsdatum: 25. Sep. 2006).

Beispiel: **OECD.StatExtracts.** 2011. Organisation for Economic Co-operation and Development (OECD). http://stats.oecd.org/Index.aspx?DatasetCode=MIG (Zugriffsdatum: 26. Feb. 2011).

An den dargestellten Beispielen erkennen Sie, dass wir für die englischen Begriffe „and" zwischen zwei Autorennamen und die Abkürzung „ed." für Editor die deutsche Übersetzung der Begriffe verwenden. Hierzu gibt es keine einheitlichen Regeln, es ist letztendlich Geschmackssache. Es gilt lediglich wieder, dass Sie eine einheitliche Vorgehensweise wählen sollten. Dies gilt ebenso für alle weiteren fremdsprachigen Begriffe und Abkürzungen, die in Ihrem gewählten Zitationsstil verwendet werden.

7.4 Drei Strategien, um Quellen in eigenen Worten wiederzugeben

Für viele Studierende ist es beim Schreiben ihrer wissenschaftlichen Arbeit die größte Schwierigkeit, von der Struktur und den Formulierungen der Quellen zu einer eigenen Textstruktur und zu eigenen Formulierungen zu gelangen. Der, dem das nicht gelingt, hält eine große inhaltliche Nähe zu den Quellen und baut entsprechend keine kritische Distanz auf, die jedoch die Grundlage seriösen wissenschaftlichen Arbeitens bildet. Dies ist gleichzeitig einer der häufigsten Kritikpunkte der Prüfer: dass die Quellen nicht für eine eigenständige Argumentation aufbereitet werden, oft sogar Absatz für Absatz paraphrasiert und aneinander gehängt sowie selbst eindeutig interessegeleitete Quellen unkritisch behandelt werden.

Wir stellen Ihnen im Folgenden die drei meistgenutzten Strategien vor, mit denen Sie dies (je nach Strategie mehr oder minder gut) vermeiden können. Bei jeder dieser Strategien ist es sinnvoll, zu jeder einzelnen Information mindestens zwei Quellen zur Hand zu haben, da Sie im Vergleich unterschiedlicher Vorgehensweisen und Formulierungen leichter einen eigenen Weg finden können. Auch ist es für jede der Strategien wichtig, dass Sie bereits mindestens eine grobe Gliederung für Ihre Arbeit erstellt haben und dass Sie das Ziel festgelegt haben, das Sie mit Ihrer Arbeit verfolgen – denn nur dann können Sie entscheiden, welche Informationen für Ihre Arbeit wichtig sind.

Strategie 1: Mit den Quellen auf dem Schoß schreiben

Diese Strategie steht an erster Stelle, weil sie am häufigsten genutzt wird, obwohl sie aus unserer Sicht nur für sehr wenige Studierende geeignet ist.

Wer diese Strategie beherrscht, kann damit besonders effizient arbeiten, weil zwischen Lesen und Schreiben keine weiteren Arbeitsschritte liegen. Doch weil diese Strategie besonders schwierig ist, beherrschen sie nur sehr wenige Studierende und sie führt daher meist zu einem gegenteiligen Effekt: Das Schreiben wird besonders zeitaufwändig und das Ergebnis ist schlecht, weil Sie bei dieser Strategie gleichzeitig mehrere Quellen lesen, verstehen, bewerten, umstrukturieren und umformulieren müssen.

Beschreibung: Die Quellen wurden im Voraus so sortiert, dass sie für die einzelnen Kapitel oder Abschnitte eines Textes bereit liegen. Dafür wurden sie lediglich überflogen und potenziell relevante Passagen markiert. Nehmen Sie nun die entsprechenden Quellen zur Hand, lesen Sie die für Sie relevanten Passagen exakt und schreiben Sie auf dieser Grundlage.

Vorteil: Weil Sie die Quellen direkt zur Hand haben, ist die Gefahr sehr gering, dass Sie Inhalte verfälschen. Zudem können Sie während des Schreibens die Quellen korrekt angeben.

Nachteil: Da Sie bei dieser Strategie sowohl die Formulierungen als auch die Struktur der fremden Texte vor Augen haben, fällt es besonders schwer, einen eigenen Zugang zu den Inhalten zu finden. Oft geschieht es dann, dass Sätze Wort für Wort in gleichbedeutende Wörter übersetzt werden und das Schreiben der Arbeit dadurch zur lästigen Fleißarbeit wird. Die Eigenleistung, die von Ihnen erwartet wird, ist mit dieser Strategie nur sehr schwer zu erzielen.

Empfehlungen: Um diese Strategie zu nutzen, sollten Sie nach dem Lesen und vor dem Schreiben planen, welche Informationen Sie in welcher Reihenfolge niederschreiben möchten (vgl. Kap. 9.1). Nutzen Sie die Strategie nur, wenn es Ihnen leicht fällt, sich von fremden Formulierungen zu lösen und Quellen kritisch zu beurteilen.

Strategie 2: Zentrale Informationen exzerpieren

Diese Strategie ist im Vergleich zu Strategie 1 deutlich zeitaufwändiger, gewährleistet jedoch sowohl eine sinnvolle Aufbereitung der Quellen als auch eine kritische Haltung.

Beschreibung: Bei dieser Strategie erarbeiten Sie eigene Formulierungen, noch bevor Sie Ihre Arbeit schreiben. Daher ist es zunächst erforderlich, dass Sie beim Lesen einer Quelle überlegen, ob sie im Ganzen für

Ihre Argumentation erforderlich ist oder ob nur bestimmte Informationen zentral sind. Relevante Informationen halten Sie dann in eigenen Worten fest: auf der Rückseite des Textes, in der Datei unter der entsprechenden Kapitelüberschrift, in einer Literaturverwaltungssoftware oder an einem anderen Ort, der für Sie sinnvoll ist.

Da Sie dabei wiederum den Text direkt vor Augen haben, hilft es, ihn analytisch zu betrachten: Was tut der Autor, für welchen Zweck nutzt er Informationen, welchen methodischen Zugang wählt er, welche These vertritt er, welche Argumente zieht er heran, auf welche anderen Studien oder Forscher bezieht er sich? Wenn Sie solche und ähnliche Leitfragen beantworten, statt lediglich Inhalte herauszuschreiben, lösen Sie sich automatisch von der Struktur und den Formulierungen der Quelle. Notieren Sie unbedingt auch, wenn Sie etwas anders sehen, eigene Ideen oder Verständnisschwierigkeiten haben und voneinander abweichende Positionen feststellen.

Erst wenn Sie alle Texte auf diese Weise bearbeitet haben (oder alle, die für eine Passage Ihrer Arbeit erforderlich sind), beginnen Sie mit dem Schreiben Ihrer Arbeit. Nehmen Sie dafür alle Exzerpte zur Hand, die für die zu schreibende Passage relevant sind, und betrachten Sie auch sie wiederum analytisch: Welche Informationen haben Sie exzerpiert, welche Argumente und Gegenargumente, wie haben Sie die entsprechenden Quellen beim Exzerpieren bewertet? Planen Sie dann Ihren Text schriftlich, indem Sie alle relevanten Notizen in eine sinnvolle Reihenfolge bringen. Greifen Sie beim Schreiben auf diese Strukturierung und die Exzerpte zurück.

Vorteil: Dieses Vorgehen stellt sicher, dass Sie sich von den Quellen lösen und zu einer eigenständigen Argumentation gelangen. Weil Sie die Quellen nicht nur lesen und nach Informationen filtern, sondern sie analysieren, kommen Sie leichter zu einer Beurteilung des Gelesenen. Sie gewinnen auf diese Weise eine kritische Distanz zu den Texten, die die Grundlage für seriöses wissenschaftliches Arbeiten darstellt. Ein weiterer Vorteil ist, dass Sie gleich zu Beginn der Bearbeitungszeit schreiben und mit den Exzerpten schnell Texte haben, die Sie weiter nutzen können. Ein letzter großer Vorteil ist, dass Sie beim Schreiben der Arbeit nicht mehr vor dem Problem stehen, eigene Wörter zu finden.

Nachteil: Exzerpte sind ein Zwischenschritt auf dem Weg zur fertigen wissenschaftlichen Arbeit. Dieses Verfahren ist daher sehr zeitaufwändig, wenn Sie es bei vielen Quellen anwenden.

Empfehlungen: Notieren Sie zu Ihren Exzerpten stets die präzise Quellenangabe. Damit Sie nötigenfalls zielgerichtet in den Quellen nachlesen können, ist auch die Angabe des Absatzes sinnvoll, in dem exzerpierte Informationen stehen. Nutzen Sie beim Formulieren der Exzerpte vollständige Sätze, damit Sie die Exzerpte auch nach einigen Wochen noch zweifelsfrei verstehen.

Strategie 3: Abends planen, morgens schreiben

Diese Strategie ist besonders für diejenigen Studierenden sinnvoll, die sich täglich mit ihrer Arbeit beschäftigen.

Beschreibung: Auch bei dieser Strategie wurden die Quellen im Voraus so sortiert, dass sie für die einzelnen Kapitel oder Abschnitte eines Textes bereit liegen. Legen Sie nun zunächst fest, welchen Abschnitt oder welches Kapitel Sie am nächsten Tag schreiben möchten. Nehmen Sie dann nacheinander die Quellen zur Hand und arbeiten Sie in Stichpunkten oder Kurzzusammenfassungen heraus, welche Informationen für den geplanten Text relevant sind. Sortieren Sie anschließend die Stichpunkte und Kurzzusammenfassungen so, dass Sie damit bereits die Struktur des Textes festlegen. Schreiben Sie am nächsten Tag den Text auf der Grundlage der Planung vom Vorabend, also ohne noch einmal in die Quellen zu schauen. Erst wenn der Text fertig ist, können Sie ihn mit den Aussagen in den Quellen vergleichen, um sicherzustellen, dass Sie keine Inhalte verfälscht haben. Anschließend können Sie dann den Text planen, den Sie am kommenden Tag schreiben.

Vorteil: Sie gelangen auf diese Weise mit vergleichbar geringem Aufwand sowohl zu einer eigenständigen Strukturierung als auch zu eigenen Formulierungen. Zudem ist diese Arbeitsweise effizient, weil die zeitnahe Verarbeitung der gelesenen Quellen gewährleistet, dass Sie wichtige Informationen berücksichtigen.

Nachteil: Nach dem Schreiben des Textes müssen Sie die Quellen ein zweites Mal zur Hand nehmen und (zumindest partiell) erneut lesen, um sicherzustellen, dass die Quellenangaben korrekt und vollständig sind und die Inhalte nicht verfälscht wurden. Zudem erfordert diese Strategie, dass Sie gut einschätzen können, wie viel Text Sie pro Tag schreiben. Auch hilft Ihnen diese Strategie nicht dabei, die Quellen kritisch zu betrachten.

Empfehlungen: Notieren Sie sowohl beim Rausschreiben der Informationen aus den Quellen als auch beim Sortieren der Informationen sorgfältig, aus welcher Quelle sie stammen – so ersparen Sie sich die nachträgliche Prüfung. Seien Sie sehr sorgfältig dabei, bereits beim Rausschreiben der Informationen aus den Quellen eigene Formulierungen zu finden oder den Quellen entnommene Formulierungen als direktes Zitat zu kennzeichnen (s. o. Tipps zum Umgang mit Quellen). Nutzen Sie diese Strategie nur, wenn es Ihnen leicht fällt, eine kritische Haltung einzunehmen, oder nutzen Sie die Leitfragen aus Strategie 2 beim Planen des Textes.

Tipp

Probieren Sie jede der Strategien aus. Setzen Sie sie dann gezielt ein, je nachdem, welche Vor- oder Nachteile für Sie besonders relevant sind.

8 Grundbedingungen wissenschaftlicher Darstellung

Wir haben bereits mehrfach betont, dass eine gute Note für Ihre Arbeit maßgeblich davon abhängt, dass Sie sich von der Struktur der Quellen und ihrem Wortlaut lösen und einen eigenen Weg zur Bearbeitung des Themas finden. Dafür sind zwei Aspekte besonders wichtig: Sie müssen auf allen Ebenen Ihrer Arbeit schlüssig argumentieren und im gesamten Text muss deutlich werden, dass Sie zielgerichtet auf die Beantwortung der Fragestellung hinarbeiten.

Lektüreempfehlung

Wenn Sie unsicher sind, welchen Stellenwert die Argumentation für Ihre Arbeit hat und wie Sie sicherstellen, dass Ihre Argumentation wissenschaftlichen Standards genügt, empfehlen wir Ihnen die Lektüre von Unterkapitel 8.1.

Wenn Sie unsicher sind, ob Ihr roter Faden sichtbar ist, erhalten Sie in Unterkapitel 8.2 Hinweise, mit welchen sprachlichen Mitteln Sie ihn verdeutlichen können.

8.1 Sich argumentativ positionieren

Die Argumentation Ihrer Arbeit ist auf die Beantwortung der Fragestellung oder die Untersuchung bzw. Diskussion Ihrer Hypothese ausgerichtet. Insofern äußert sie sich auf allen Ebenen Ihrer Arbeit: Auf der Ebene der Gliederung müssen sämtliche Kapitel Schritt für Schritt zur Beantwortung der Frage oder zur Untersuchung bzw. Diskussion der Hypothese beitragen. Dafür ist es vor allem wichtig, dass Ihre theoretische Grundlage (z. B. die Theorie/das Modell/der Ansatz) für die Bearbeitung des Gegenstands Ihrer Arbeit geeignet ist und dass Sie die Quellen zusammentragen und berücksichtigen, die für Ihr Thema zentral sind. Die Anforderung an die Gliederung spiegelt sich auf den Ebenen der Kapitel, der Absätze und der Sätze wider: Denn sie müssen die schrittweise Bearbeitung leisten. Ihre Argumentation ist also wie ein roter Faden, der sich durch alle Teile der Arbeit zieht (s. Kap. 8.2). Welche **argumentativen Einzelaufgaben** Sie in Ihrer Arbeit bearbeiten müssen, ist dementsprechend abhängig von der Funktion der einzelnen Kapitel, Passagen oder Absätze für die Beantwortung Ihrer Fragestellung. Daher beschreiben wir Ihnen diese Einzelaufgaben detailliert in den Unterkapiteln des neunten Kapitels.

Wie Sie jedoch die einzelnen Teilaufgaben gestalten, wie Sie also im engeren Sinne argumentieren, muss einigen übergeordneten Grundsätzen gerecht werden, die gleichzeitig die Kernanforderungen wissenschaftlicher Darstellung betreffen: Ihre Aussagen müssen sachlich neutral, intersubjektiv nachvollziehbar, schlüssig und logisch sein.

Sachlich neutral ist eine Argumentation, wenn sie aus einer um Objektivität bemühten Perspektive heraus formuliert wird. D. h. nicht, dass Ihr Text wertungsfrei sein sollte, aber dass jede Form von Wertung oder Positionierung ausschließlich auf der Grundlage einer guten Begründung (s. u.) erfolgen darf.

An folgendem Beispiel wird der Unterschied zwischen unbegründeten subjektiven Wertungen und sachlich neutralen Wertungen deutlich: Die Wertung „Es ist natürlich gut für die Wirtschaft, wenn Immigranten ins Land kommen." könnte in einer wissenschaftlichen Arbeit so stehen: „Aus wohlfahrtsökonomischer Perspektive führt Zuwanderung zu positiven Nettoeffekten (Mustermann, 2011, S. xy)." Beide Beispielsätze unterscheiden sich zum einen sprachlich: Subjektiv wertende und eher umgangssprachliche Wörter wurden gestrichen *(natürlich gut)*, zum anderen inhaltlich: Durch die Angabe des Bewertungsmaßstabs (*„Aus wohlfahrtsökonomischer Perspektive"*) wird die Aussage versachlicht und durch die Präzisierung der Konsequenz (*„positiven Nettoeffekten"*) konkretisiert. Sachlich neutral ist darüber hinaus, dass der Autor des Satzes mit dieser Aussage nicht selbst die darin formulierte Meinung vertritt, sondern lediglich beschreibt, aus welcher Perspektive sie zutrifft (siehe zu ähnlichen Beispielen Beinke et al., 2008, S. 144).

Gleichzeitig wird an diesem Beispiel deutlich, was **intersubjektive Nachvollziehbarkeit** bedeutet: Es muss nicht ‚objektiv' richtig sein, dass Zuwanderung zu positiven Nettoeffekten führt, aus wohlfahrtsökonomischer Perspektive jedoch ist die Aussage korrekt. Durch diesen Hinweis auf den Bewertungsmaßstab wird der Sachverhalt für unterschiedliche Leser gleichsam nachvollziehbar (unabhängig davon, welche Perspektive sie einnehmen), weil die für die Annahme erforderliche Prämisse offengelegt wird. Während also die sachliche Neutralität erfordert, dass Sie den Gegenstand Ihrer Arbeit nicht aus einer subjektiven Position heraus darstellen, erfordert die intersubjektive Nachvollziehbarkeit, dass Sie Ihre Gedanken so verschriftlichen, dass Ihre Leser Ihnen folgen können.

Der Begriff der **Schlüssigkeit** entstammt der Logik und zielt zum einen darauf, dass sich ein Schluss logisch aus den Prämissen ableiten muss, dass also die Argumentation fehlerfrei, formal korrekt sein muss, zum anderen, dass er gültig sein muss, also die Prämissen wahr sind. Prüfen können Sie dies, indem Sie Leser Ihres Textes dahingehend befragen, ob sie auf der Grundlage der dargestellten Prämissen zu demselben Schluss wie Sie gelangen würden bzw. Ihren Schluss als einen zulässigen akzeptieren.

Einen zentralen Stellenwert in Bezug auf die Schlüssigkeit hat die **Qualität der Begründung** bzw. der Stützung, die Sie geben. Bei starken Hypothesen oder anerkannten Ansichten reicht in der Regel eine Stützung Ihrer Argumentation durch einen bzw. mehrere Quellenbelege. Wenn Sie also beispielsweise einen Sachverhalt als „allgemein anerkannt" bezeichnen, ist es wichtig, mehrere ebenfalls anerkannte Forscher dafür zu zitieren. Bei leicht nachvollziehbaren Gedanken reicht eine Stützung mithilfe von Positivbegründungen aus: *Exemplarisch für europäische Bilanzskandale wird in dieser Arbeit der Skandal bei Parmalat S.p.A. behandelt, da dieses Unternehmen das für Europa typische Merkmal eines kontrollierenden Hauptaktionärs aufweist.* Bei diesem Beispiel wäre eine weitere Begründung oder Ausführung nicht erforderlich. Bei komplizierteren Sachverhalten hingegen, auf die unterschiedliche Perspektiven möglich und erwartbar sind, sollten Sie den Pro-Argumenten Contra-Argumente gegenüberstellen und beide diskutieren (ein gutes Beispiel dafür finden Sie am Ende von Kap. 9.9 in der Abbildung 27). Natürlich müssen Sie bei der Diskussion nicht zu dem Ergebnis kommen, dass eine Seite der Argumentation die richtige ist, es wäre genauso legitim zu verdeutlichen, dass beide Perspektiven nachvollziehbar sind.

Tipp

>> Um zu prüfen, ob Ihre Argumentation schlüssig ist, können Sie sich in die Position eines Kritikers hineinversetzen: An welcher Stelle würde er Gegenargumente liefern? Inwiefern würden diese Gegenargumente Ihre Argumentation entkräften? Was müssten Sie an Ihrem Text ändern, damit der Kritiker nichts entgegnen könnte?

Übung

Unterstreichen Sie in einem Ihrer Texte alle potenziell wertenden Wörter (also beispielsweise Adjektive wie „interessant", Adverbien wie „sehr" oder Substantive wie „Problem") und prüfen Sie kritisch, ob für jedes der unterstrichenen Wörter deutlich wird, auf welchen Annahmen die Wertung beruht.

Es ist nicht immer leicht zu **entscheiden, in welchen Fällen Sie mit Hilfe von Pro- und Contra-Argumenten argumentieren sollten** und in welchen Fällen ein Bezug auf eine Quelle ausreicht. Die Entscheidung ist zum einen von der Qualität der Quelle, zum anderen von der Faktizität bzw. Konsensfähigkeit Ihrer Aussage abhängig. Je eher eine Aussage konsensfähig ist, also je häufiger sie formuliert wird, je zentraler die Forscher sind, die sich positiv auf sie beziehen, umso wenig müssen Sie sie ausführen, problematisieren oder diskutieren. Je nach Thema und Typ Ihrer Arbeit stehen Sie daher mehr oder weniger vor der Aufgabe, in diesem engeren Sinne zu argumentieren: So erfordert eine rein darstellende Arbeit vom Typ 3 (vgl. Kap. 3.1) in der Regel kaum eine Diskussion von Positionen, sondern lediglich Quellenbelege, eine analytische oder empirische Arbeit hingegen wesentlich mehr.

Als **Beispiel für einen Typ von Argumentation** möchten wir Ihnen vorstellen, wie Sie eine Aussage oder einen Zusammenhang, den Sie nicht

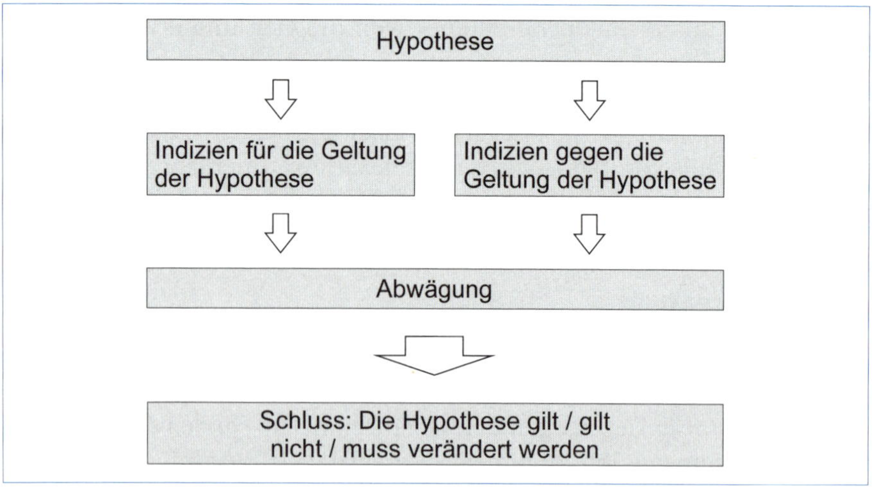

Abb. 23: Eine Hypothese argumentativ stützen

mit einer Quelle belegen können, argumentativ stützen können: Dafür formulieren Sie zunächst als Hypothese die Aussage oder den Zusammenhang, von dem Sie überzeugt sind. Anschließend nennen Sie quellenbasiert Indizien zur Stützung oder Widerlegung der Hypothese. Diese Indizien wägen Sie gegeneinander ab und gelangen auf dieser Grundlage zu einem Schluss, also zu einer Bestätigung oder Widerlegung der Hypothese, oder dazu, dass beides nicht möglich ist.

Diese Form der Argumentation beispielsweise wird nur in wenigen Arbeiten genutzt, vor allem in analytischen oder empirischen Abschlussarbeiten. Sie wird von den Prüfern unterschiedlich bewertet: Manche schätzen sie und vergeben nur gute Noten, wenn in einer Arbeit häufiger auf diese Weise argumentiert wird, im Gegensatz dazu empfinden andere diese Form der Argumentation als unwissenschaftlich, weil sie keine faktischen, sondern lediglich indiziengestützte Aussagen zulässt.

Übung

Prüfen Sie den folgenden Ausschnitt aus einer Masterarbeit auf seine Argumentation hin! Welche Informationen fehlen darin, damit er intersubjektiv nachvollziehbar und schlüssig ist? Ergänzen (erfinden) Sie nun die fehlenden Informationen – dabei kommt es nicht darauf an, dass Ihre Ergänzungen korrekt sind, sondern darauf, dass Sie die argumentativen Lücken des Übungstexts schlüssig füllen.

*Der Nutzen einer Hochschulmarketing-Maßnahme ist grundsätzlich schwer messbar (*AHLERS/ EGGERS (1992), S. 73 sowie ARNOLD (1992), S. 1824*). So ist bei rekrutierungsorientierten Maßnahmen ein unmittelbarer Vorteil auszuschließen. Zudem zielt Hochschulmarketing nicht primär darauf ab, die Anzahl der Bewerbungen zu erhöhen. Der Einfluss von Hochschulmarketing auf die Matching-Qualität kann jedoch nicht anhand von Daten festgestellt werden. Auch bei imageorientierten Maßnahmen ist eine Erfolgskontrolle nur eingeschränkt möglich.*

Lösung

Ihre Lösung könnte beispielsweise so aussehen:

Der Nutzen einer Hochschulmarketing-Maßnahme ist grundsätzlich schwer messbar (AHLERS/EGGERS (1992), S. 73 sowie ARNOLD (1992), S. 1824). So ist bei rekrutierungsorientierten Maßnahmen ein unmittelbarer Vorteil auszuschließen, weil die Studierenden zum Zeitpunkt der Maßnahme noch eine unbestimmte Zeit von der Arbeitsplatzsuche entfernt sind. Zudem zielt Hochschulmarketing nicht primär darauf ab, die Anzahl der Bewerbungen zu erhöhen, sondern darauf, die Qualität des Matchings zu verbessern. Der Einfluss von Hochschulmarketing auf die Matching-Qualität kann jedoch anhand von Daten nicht festgestellt werden, weil der Matching-Prozess komplex ist und die Matching-Qualität daher von vielen Faktoren abhängt, die nicht separat voneinander erfasst werden können. Insofern können lediglich Besucherzahlen auf Messen, die Direktkontaktanzahl, die Bewerbungsanzahl und die Einstellungsanzahl als Indizien für einen positiven Effekt von rekrutierungsorientierten Hochschulmarketingmaßnahmen herangezogen werden. Auch bei imageorientierten Maßnahmen ist eine Erfolgskontrolle nur eingeschränkt möglich, denn das Unternehmensimage entwickelt sich ebenfalls erst als zeitverzögerte Reaktion auf Marketingmaßnahmen. Daher können lediglich Indikatoren für eine Personalimagekontrolle herangezogen werden wie die Anzahl von Blindbewerbungen, die Höhe der Fluktuationsquote, die Fehlzeitenquote oder die Anzahl von neuen Mitarbeitern, die über die Vermittlung von im Unternehmen bereits tätigen Mitarbeitern eingestellt werden konnten (Vgl. BLUMENSTOCK (1994), S. 104.)

8.2 Den roten Faden verdeutlichen

Der rote Faden in Ihrer Arbeit ermöglicht es dem Leser, Ihrer Argumentation zu folgen. Er ist ein Sinnbild dafür, dass jeder Satz, jeder Absatz und jedes Kapitel mit dem folgenden verknüpft sein sollte. Dafür stehen viele sprachliche Mittel bereit, die Sie nutzen sollten.

Auf drei Ebenen können Sie den roten Faden verdeutlichen:

- In der Gliederung der Arbeit, also kapitelübergreifend, aber auch innerhalb jedes Kapitels, Unterkapitels und Abschnitts.
- Auf der Ebene der Absätze.
- Auf der Ebene der Sätze.

Wie **der rote Faden auf der Ebene der Gliederung** erreicht werden kann, haben Sie bereits in Kapitel 3 gelernt. Damit er für den Leser sichtbar wird, können Sie ihn mit sprachlichen Mitteln verdeutlichen:

- als Beschreibung und Begründung des Kapitelaufbaus zu Beginn eines Kapitels,
- als Beschreibung und Begründung des folgenden Kapitels am Ende des vorhergehenden Kapitels,
- als Zusammenfassung der für die Gesamtargumentation wichtigen Ergebnisse am Ende eines Kapitels.

Einige Anregungen für Formulierungen solcher Passagen finden Sie in den Kapiteln 9.3 und 9.9, weitere bei Esselborn-Krumbiegel (2010).

Durch diese Form der sprachlichen Verdeutlichung des roten Fadens erfährt Ihr Leser, welchen Beitrag jedes Kapitel für Ihre Gesamtargumentation leistet und wie die Kapitel, Unterkapitel und Abschnitte zusammenhängen. Aber: Auch wenn der Großteil der Prüfer diese Art von Kommentierungen wichtig findet, gibt es doch einen kleinen Teil, der sie als unnötig oder sogar störend empfindet. Also klären Sie nach Möglichkeit, ob Ihr Prüfer diese Kommentierungen schätzt!

Um den roten Faden auf Absatzebene zu verdeutlichen, müssen Absätze nach inhaltlichen Kriterien gebildet sein: Ein Absatz sollte länger als ein Satz sein, kürzer als ein komplexer Gedankengang und genau einem Hauptgedanken innerhalb eines Gedankengangs entsprechen. Das bedeutet: Wenn Sie beispielsweise fünf Pro-Argumente und drei Contra-Argumente für eine These darstellen, könnten Sie jeweils für alle Pro-Argumente und alle Contra-Argumente einen Absatz bilden. Wenn Sie aber jedes der Argumente detailliert ausführen, wäre es sinnvoller, jeweils einen Absatz pro Argument zu bilden. Jeder Absatz könnte dann mit solchen Formulierungen beginnen wie:

Formulierungen, um Argumentationen zu strukturieren

- Das meist zitierte/bedeutendste Argument für ...
- Ein weiteres zentrales/bedeutendes Argument für ...

Nur in seltenen Fällen sollte ein Absatz nur einen Satz umfassen, beispielsweise wenn Sie komplexe Zusammenhänge zusammenfassen, die über mehrere Absätze entwickelt wurden, oder wenn Sie eine Tabelle oder Abbildung ankündigen.

Ein weiteres sinnvolles Mittel, um den roten Faden auf Absatzebene zu verdeutlichen, sind Aufzählungen und nummerierte Listen. Sie zu nutzen würde sich auch im oben genannten Beispiel anbieten. Sie sollten dann zunächst in einem Satz ankündigen, dass Sie im Folgenden fünf Pro-Argumente ausführen. Genauso sollten Sie mit den Contra-Argumenten verfahren.

Mögliche Formulierungen für Aufzählungen

- Diesem Aspekt liegen zwei zentrale Gedanken zu Grunde:
  zum einen ..., zum andern .../
  1. ...
  2. ...
- Die fünf wichtigsten Kritikpunkte an dieser Auffassung sind:
  1. ...
  ...

Übung

Wählen Sie eine Passage Ihres Textes, bei der Sie unsicher sind, ob der rote Faden sichtbar ist. Versehen Sie jeden Absatz des Textes mit einem Schlagwort oder einer Überschrift und ermitteln Sie anschließend die Zusammenhänge zwischen den einzelnen Schlagworten oder Überschriften: Ist der Zusammenhang leicht erkennbar oder eher nicht? Bedarf er einer Erläuterung? Wenn ja, steht diese Erläuterung im Text oder sollten Sie sie ergänzen?

Um den roten Faden auf Satzebene zu verdeutlichen, sollten Sie den Zusammenhang zwischen aufeinander folgenden Sätzen sprachlich markieren, zum Beispiel durch Wörter und Formulierungen wie:

Wörter und Formulierungen, mit denen der Zusammenhang zwischen Aussagen verdeutlicht werden kann

- daher, weil, obwohl ...
- zum einen ..., zum anderen .../sowohl ... als auch ...
- Zunächst ..., dann ..., bevor ..., abschließend ...

Weitere Wörter und Formulierungen finden Sie bei Esselborn-Krumbiegel (2010).

Übung

Ergänzen Sie in dem folgenden Lückentext die Wörter, die erforderlich sind, damit der rote Faden sichtbar ist. Reflektieren Sie dabei, welche Lücken Sie nur mit einem bestimmten Wort füllen können, für welche Lücken unterschiedliche Wörter infrage kommen und welche Lücken nicht zwangsläufig gefüllt werden müssen.

Im Rahmen dieser Arbeit wurde deutlich, dass Clusterpolitik einerseits durchaus eine langfristige positive Wirkung auf die Wettbewerbsfähigkeit eines Wirtschaftsraums hat, _____ die räumliche Agglomeration branchennaher Unternehmen die Innovationsfähigkeit einer Region steigert. _____ stellt die _____ Spezialisierung auf gewisse Branchen bei einem Nachfrageschock _____ eine Gefahr für die Wettbewerbssituation einer Region dar. _____ wurde am Beispiel des Ruhrgebiets deutlich, dass Clustermobilisierung _____ positive Wirkung entfachen kann, _____ ein klares Profil der Förderpolitik erkennbar ist. _____ ist es erforderlich, eine Analyse derjenigen regionalen Potenziale durchzuführen, die die besten Aussichten für eine erfolgreiche Clusterentwicklung bieten. _____ sollten _____ gezielt gefördert werden. _____ sind Verbesserungen der wirtschaftlichen Rahmenbedingungen unabdingbar, um Unternehmen an den Standort Ruhrgebiet zu binden und _____ eine Clusterbildung zu ermöglichen.

Lösung

Der folgende Text bietet eine mögliche Lösung:

Im Rahmen dieser Arbeit wurde deutlich, dass Clusterpolitik einerseits durchaus eine langfristige positive Wirkung auf die Wettbewerbsfähigkeit eines Wirtschaftsraums hat, <u>da</u> die räumliche Agglomeration branchennaher Unternehmen die Innovationsfähigkeit einer Region steigert. <u>Andererseits</u> stellt die <u>damit einhergehende</u> Spezialisierung auf gewisse Branchen bei einem Nachfrageschock <u>jedoch</u> eine Gefahr für die Wettbewerbssituation einer Region dar. <u>Zudem</u> wurde am Beispiel des Ruhrgebiets deutlich, dass Clustermobilisierung <u>nur dann</u> positive Wirkung entfachen kann, <u>wenn</u> ein klares Profil der Förderpolitik erkennbar ist. <u>Für ein solches Profil</u> ist es erforderlich, eine Analyse derjenigen regionalen Potenziale durchzuführen, die die besten Aussichten für eine erfolgreiche Clusterentwicklung bieten. <u>Diese Potenziale</u> sollten zukünftig gezielt gefördert werden. <u>Des Weiteren</u> sind Verbesserungen der wirtschaftlichen Rahmenbedingungen unabdingbar, um Unternehmen an den Standort Ruhrgebiet zu binden und <u>damit</u> eine Clusterbildung zu ermöglichen.

Den roten Faden zu verdeutlichen bedeutet auch, **Wiederholungen möglichst zu vermeiden**. Es kann innerhalb einer Arbeit oft vorkommen, dass Sie auf bereits dargestellte Inhalte zurückgreifen. Verdeutlichen Sie dem Leser die Notwendigkeit des Rückgriffs beispielsweise mit Formulierungen wie:

Formulierungen, um Rückgriffe zu kennzeichnen

- In Bezug auf den unter 3.1 dargestellten ...
- Der Begriff ..., wie er unter 3.1 dargestellt wurde, ist demnach zu erweitern um ...
- Wie unter 3.1 beschrieben handelt es sich bei ...

Wenn Sie einen **Riss im roten Faden** feststellen, sollten Sie die Gründe dafür prüfen. Falls Sie ihn bestehen lassen, sollten Sie den Leser auf diesen Riss hinweisen. Dafür haben Sie zwei Möglichkeiten: Entweder Sie bilden einen doppelten Sinnabsatz – der wird meist mit einer Leerzeile angezeigt –, oder Sie weisen mit sprachlichen Mitteln auf den Riss hin und begründen ihn, beispielsweise so:

Auch wenn auf den ersten Blick der Aspekt ... in keinem Zusammenhang zu ... steht, ...

Ein anderer Aspekt, der in diesem Zusammenhang nur bedingt relevant ist, aber ...

9 Die Arbeit schreiben

Nach dem Eingrenzen des Themas und dem sinnvollen Umgang mit Quellen ist das Schreiben der Arbeit die dritte große Herausforderung, die vielen Studierenden Respekt einflößt. Um diese Herausforderung zu bewältigen, sollten Sie wiederum die einzelnen Teilaufgaben kennen, damit Sie sie bewusst nacheinander bearbeiten können. Auf diese Weise können Sie das Schreiben der Arbeit als Handwerk angehen, bei dem bestimmte Handlungsweisen zu einem erwartbaren Ergebnis führen. Daher lernen Sie in den folgenden Unterkapiteln die Aufgaben kennen, die typischerweise bearbeitet werden.

Lektüreempfehlung

Prüfen Sie anhand Ihrer Gliederung, welche der in den folgenden Unterkapiteln beschiebenen Aufgaben für Ihre Arbeit relevant sind. Wenn Sie bislang keine oder eher schlechte Erfahrungen mit dem Schreiben wissenschaftlicher Arbeiten gemacht haben, sollten Sie anschließend die entsprechenden Unterkapitel sorgfältig lesen.

Wenn Sie nur noch wenig Zeit bis zur Abgabe haben, empfehlen wir Ihnen, ausschließlich die Leitfragen und Formulierungshilfen in den für Sie relevanten Unterkapiteln zu lesen.

9.1 Das Schreiben vorbereiten

Um ein Kapitel, den Teil eines Kapitels oder einen Absatz zu schreiben, ist es hilfreich, wenn Sie sich zunächst die Funktion dieses Textes vergegenwärtigen: Welchen Beitrag soll er zur Bearbeitung der Fragestellung leisten? Wie wichtig wird er in Ihrer Argumentation sein? Formulieren Sie die Antworten auf diese Fragen als Ankündigung oder als kleines Fazit des Kapitels aus. Sie können auf diese Weise nach dem Schreiben prüfen, ob der Text seine Funktion erfüllt. Wie Sie anhand der folgenden Beispiele sehen, können Sie solche Formulierungen später in die Arbeit integrieren (vgl. Kap. 8.2):

Formulierungen der Textfunktion

- In der folgenden Passage werden die Grundannahmen der … erläutert, um …
- In diesem Kapitel wurde deutlich, dass …
- Zusammenfassend lässt sich festhalten, dass …

Wenn Sie auf diese Weise die Funktion des zu schreibenden Textes bestimmt haben, können Sie nun stich- oder schlagwortartig die Aspekte sammeln, die im Text bearbeitet werden müssen, damit er seine Funktion erfüllt. Sie haben dafür zwei Möglichkeiten:

1) **Sie gehen von Ihrem Verständnis des Gegenstandes aus** und überlegen ohne Einbezug der Literatur, was Sie schreiben möchten. Zum Ideen sammeln können Sie beispielsweise clustern und zum ersten Sortieren der Ideen ein Mindmap anlegen (vgl. zu diesen Techniken beispielsweise Esselborn-Krumbiegel, 2010).

Dieses Vorgehen hat den Vorteil, dass Sie später in Ihrer Argumentation keine Lücken haben, nur weil die Quellen keine Informationen dafür bereitstellen. Außerdem laufen Sie dabei weniger Gefahr, zu nah an der Reihenfolge der Darstellung zu bleiben, die in den Quellen gewählt wurde. Dieses Vorgehen hat jedoch den Nachteil, dass Sie für Ihre Aussagen nachträglich Belege finden müssen.

2) **Sie gehen von den Informationen aus, die Sie aus den Quellen gezogen haben.** Möglicherweise haben Sie Ihre Lektüre so organisiert, dass Sie die zentralen Aspekte jedes Kapitels samt Quellenangabe herausgeschrieben haben (vgl. Kap. 7.2), evtl. sogar mit einer Literaturverwaltungssoftware (vgl. Kap. 6.1). Dann sollten Sie nun prüfen, ob alle herausgeschriebenen Aspekte erforderlich sind, damit Ihr Text seine Funktion erfüllen kann, und die Aspekte in eine sinnvolle Reihenfolge bringen. Anschließend können Sie noch vor dem Ausformulieren prüfen, ob die sortierten Aspekte einem roten Faden folgen und ob Sie noch Lücken finden. In

diesem Fall können Sie zum Beispiel nachrecherchieren oder die Quellen gezielt durchsuchen, die die erforderlichen Aspekte möglicherweise behandeln.

Diese Vorgehensweise hat den Vorteil, dass Sie von vornherein sicherstellen, dass Sie jede Information mit einer Quelle belegen können. Es wird Ihnen aber möglicherweise schwerer fallen, einen eigenen Weg zu finden.

Tipp

>> Für welches Vorgehen auch immer Sie sich entscheiden: Bevor Sie anfangen, den Text zu formulieren, sollten Sie die erarbeiteten Stichworte in einem Schreibplan sortieren. Weil Sie auf diese Weise bereits die Struktur des geplanten Textes festlegen, ist der rote Faden sichergestellt und das Schreiben des Textes geht oft schneller von der Hand.

Vertiefende Hinweise zur Erstellung eines Schreibplans finden Sie in dem Kapitel „Das Textskelett" in dem Buch „Richtig wissenschaftlich schreiben" von Helga Esselborn-Krumbiegel, das ebenfalls in der Reihe Uni-Tipps erschienen ist.

Eine Rohfassung zu schreiben bedeutet, die im Schreibplan gesammelten Stichpunkte auszuformulieren. Eine Rohfassung muss sprachlich-stilistisch Ihren Ansprüchen noch nicht genügen – dafür überarbeiten Sie sie später. Sie sollten beim Schreiben der Rohfassung bereits auf eine genaue Zuordnung der Quellen zu einzelnen Informationen achten, weil sie im Nachhinein oft nur mit großem Aufwand leistbar ist.

Zunächst eine Rohfassung zu schreiben und den Text danach zu überarbeiten hat den Vorteil, dass Sie weniger Dinge gleichzeitig tun müssen: In der Rohfassung fokussieren Sie, was Sie schreiben, nicht wie Sie es schreiben. Und weil das Schreiben eines Textes eine komplexe Aufgabe ist, bei der Sie jederzeit zwischen einer unbegrenzten Menge an Alternativen entscheiden müssen, ist das für viele Schreibende eine große Entlastung. Zudem entsteht auf diese Weise schnell ein erster Textentwurf. Das motiviert zum Weiterschreiben. Auch das Anfangen wird leichter, wenn man sich von dem Anspruch befreit, sofort einen perfekten Text zu schreiben.

Falls es Ihnen schwerfällt, eine Rohfassung zu schreiben, können Sie folgende Hilfsmittel nutzen, um sich von hohen Ansprüchen an Sprache und Stil zu befreien:

- Setzen Sie sich einen engen zeitlichen Rahmen, in dem Sie pausenlos schreiben. Sie können eine Eieruhr verwenden, um die Schreibzeit zu markieren und zu begrenzen.
- Formulieren Sie den Schreibplan zunächst als E-Mail an einen Freund aus.
- Schreiben Sie die Arbeit nicht für Ihren Professor, der Experte für Ihr Thema ist und möglicherweise nicht besonders an Ihren Ergebnissen interessiert ist. Stellen Sie sich stattdessen jemanden vor, der etwas weniger über das Thema weiß als Sie und sehr gern von Ihnen lernen möchte.

Tipp

>> Wenn es für Sie beim Schreiben hilfreich ist, die Anforderungen an die Sprache in wirtschaftswissenschaftlichen Arbeiten zu kennen, schlagen Sie sie in Kapitel 10.4 nach.

9.2 Das Exposé schreiben

Mit einem Exposé geben Sie Ihrem Leser einen Überblick über die zentralen Entscheidungen, die Sie bereits getroffen haben: über das Ziel der Arbeit bzw. die darstellungsleitende Fragestellung, wichtige Quellen, die erste Fassung der Gliederung, die geplante Methode und erwartete Ergebnisse. Bei empirischen Arbeiten informiert das Exposé zudem über die Daten, Variablen und das Forschungsdesign.

Die Anfertigung eines Exposés ist aus zwei Gründen hilfreich: Weil Sie früh im Arbeitsprozess die Planung Ihrer Arbeit ausformulieren, fällt das Schreiben der Arbeit leichter. Wichtiger ist jedoch, dass Sie auf das Exposé Feedback einholen können, bestenfalls vom Prüfer selbst. Dank seines Feedbacks wissen Sie frühzeitig, ob er den Zuschnitt der Arbeit gutheißt oder ob Sie etwas ändern müssen. Je wichtiger Ihnen die Note ist, umso sinnvoller ist dieses Wissen für Sie. Manche Prüfer fordern für Abschlussarbeiten sogar ein Exposé bereits vor der Anmeldung der Arbeit, um frühzeitig die Qualität der geplanten Arbeit einschätzen zu können (und die Betreuung der Arbeit schlimmstenfalls abzulehnen). Bei Seminar- und Hausarbeiten geben Prüfer seltener Rückmeldung, doch können Sie auch das Feedback von Kommilitonen gut nutzen.

Wie umfangreich das Exposé sein muss, variiert stark: Die meisten Exposés sind zwischen zwei und 15 Seiten lang. Und auch die Inhalte und die Art der Darstellung variieren: So beinhaltet es nicht immer einen Zeit- und Arbeitsplan, mal darf oder soll es sogar über noch unklare Aspekte informieren, mal soll es eine detaillierte Beschreibung des Forschungsstands beinhalten, mal lediglich eine vorläufige Literaturliste.

Falls Sie keine Vorgaben bekommen, empfehlen wir Ihnen, in Ihrem Exposé folgende Leitfragen detailliert (aber maximal auf insgesamt vier bis fünf Seiten) zu beantworten:

- Mit welcher Fragestellung oder Hypothese werden Sie das Thema bearbeiten?
- Inwiefern ist Ihre Fragestellung oder Hypothese wissenschaftlich und/ oder gesellschaftlich relevant?
- Welches Ergebnis erwarten Sie? Warum?
- Mit welchem Modell, welcher Theorie oder welchem Ansatz werden Sie Ihr Thema bearbeiten? Warum?
- Welche Quellen werden Sie zur Bearbeitung des Themas heranziehen? Nennen Sie zentrale Quellen und fügen Sie eine vorläufige Literaturliste bei.
- Wie werden Sie im Einzelnen vorgehen, um zu dem Ergebnis zu gelangen? Warum werden Sie genau so vorgehen? Fügen Sie diesen Ausführungen Ihre Gliederung bei.

Falls Sie Ihr Exposé für Ihren Prüfer schreiben und nicht davon ausgehen, dass es bei ihm zu einem negativen Eindruck führt, empfehlen wir Ihnen, auf noch bestehende Unsicherheiten hinzuweisen (beispielsweise mit Formulierungen wie „*Unklar ist zum jetzigen Zeitpunkt, wie/ob ...*“). Wenn der Prüfer Ihnen auf diese Unsicherheiten Rückmeldung gibt, profitieren Sie besonders.

In jedem Fall gilt, dass das Exposé ein zusammenhängender Text sein sollte, den Sie beispielsweise mithilfe von Zwischenüberschriften gliedern können. Das fertige Exposé sollte genauso ordentlich und fehlerfrei sein wie die Arbeit, die Sie abgeben werden.

Sie können sich bei der Beantwortung der Leitfragen an den Formulierungsvorschlägen für die Einleitung orientieren (s. u.). Doch bedenken Sie: Während eine Einleitung lediglich der Beginn eines deutlich längeren Textes ist, muss ein Exposé für sich alleine stehen können. Es sollte daher deutlich informativer sein als Ihre Einleitung, auch wenn Sie dort ähnliche Themen bearbeiten.

Tipp

>> Lassen Sie sich von so vielen Personen wie möglich Rückmeldung auf Ihr Exposé geben und nehmen Sie sich für die Auswertung der Rückmeldung Zeit!

9.3 Die Einleitung schreiben

Die Einleitung ist ein sehr wichtiges Kapitel jeder Arbeit. Sie hat die **Funktion**, dem Leser zu verdeutlichen, was ihn in der Arbeit erwartet und was nicht. Sie stellen mit der Einleitung bereits die Weichen für die Aufmerksamkeit des Lesers.

Es ist üblich, die Einleitung auch als „Einleitung" zu benennen, gelegentlich wird sie jedoch auch mit „Einführung" oder „Problemstellung und Gang der Arbeit" betitelt. Selten fordern Prüfer, dass die Überschrift nichts über die Funktion des Textes („Einleitung", „Einführung"), sondern über dessen Inhalte („Probleme nicht besicherter Kredite") aussagt.

Als Faustregel für die **Länge der Einleitung** gilt, dass sie ca. fünf bis zehn % der Seitenzahl der Arbeit einnehmen darf, aber vier bis fünf Seiten nicht überschreiten sollte. Eine **Untergliederung der Einleitung** ist unüblich, aber vor allem bei längeren Arbeiten oder längeren Einleitungen gelegentlich gefordert. Es ist dann üblich, das erste Unterkapitel mit „Einführung in das Thema" und das zweite mit „Aufbau der Arbeit" oder „Gang der Arbeit" zu betiteln.

Die Einleitung wird im Präsens verfasst. Es gibt zwei Möglichkeiten, **die Einleitung sprachlich zu gestalten**: Die erste ist, Sie benennen explizit, was das Thema, die Fragestellung etc. der Arbeit ist. Diese Form der Leserführung erleichtert es den Lesern, Ihre Ausführungen nachzuvollziehen. Der erste Satz könnte dabei so aussehen:

Thema der vorliegenden Arbeit ist die Risikoberichterstattung im Lagebericht von Unternehmen. Die Risikoberichterstattung dient vor allem dem Abbau von Informationsasymmetrien zwischen Rechnungsleger und Rechnungslegungsadressat. In dieser Arbeit soll die Frage beantwortet werden, inwieweit die Risikoberichterstattung auf diese Weise die Informationseffizienz auf Kapitalmärkten vergrößern kann.

Falls Ihnen (oder Ihrem Prüfer) diese erste Möglichkeit nicht gefällt, können Sie das Thema auch benennen, ohne es explizit als Ihr Thema zu bezeichnen. In diesem Fall könnten die ersten Sätze einer Einleitung so aussehen:

Im Laufe der letzten Jahre hat sich die Gruppe von Personen, die einen höheren Bildungsabschluss erwerben, in allen westlichen Ländern vergrößert. Beobachtet man beispielsweise die Bevölkerung aller OECD-Länder, dann haben im Jahr 2005 durchschnittlich 77% der 24- bis 34-Jährigen eine abgeschlossene sekundäre Ausbildung, während es in der Gruppe der 55- bis 64-jährigen nur 54% sind.

Die nun folgenden Beispiele und Formulierungshilfen wurden jeweils in der expliziten Variante formuliert, da sie aus unserer Sicht leserfreundlicher ist und Ihnen daher besser deutlich wird, welche Aufgaben Sie bearbeiten müssen.

Im Folgenden stellen wir Ihnen die **Inhalte** vor, die üblicherweise in der Einleitung behandelt werden – Sie müssen auf der Grundlage Ihres Lehrstuhl-Leitfadens oder im Gespräch mit Ihrem Betreuer entscheiden, welche davon für Sie sinnvoll sind bzw. von Ihnen erwartet werden. Die Reihenfolge, in der wir die Aspekte anführen, ist zwar für viele Einleitungen sinnvoll, aber nicht für alle. Meist ist es angemessen, für jeden Aspekt mindestens einen Absatz zu bilden. Wie Sie jedoch an der Beispieleinleitung am Ende dieses Unterkapitels sehen, ist dies nicht immer erforderlich und sinnvoll.

Die Inhalte der Einleitung im Überblick

- Aufhänger
- Darstellung des Themas
- Relevanz des Themas
- Ziel der Arbeit
- Themenbezogene Abgrenzung
- Methode
- Forschungsstand
- Begründeter Aufbau der Arbeit

Um das Interesse des Lesers zu wecken, können Sie zum Beispiel mit einem Zitat oder einem auffallenden Faktum als **Aufhänger** beginnen. Ein Zitat kann in der ersten Zeile des Textes stehen oder eingerückt im rechten Drittel der Seite vor dem eigentlichen Text, es hat dann die Funktion eines Mottos. Egal wo das Zitat steht, es muss in direktem Zusammenhang zum Thema stehen.

Beispiel für ein Faktum als Aufhänger:

Seit Muhammad Yunus 2006 den Friedensnobelpreis für die Bekämpfung der Armut durch die Vergabe von Mikrokrediten erhalten hat, wurden Mikrokredite vielfach als „Allheilmittel der Entwicklungspolitik" betrachtet. Nachdem jedoch seit 2006 eine steigende Anzahl an Mikrofinanzinstituten mit reinem kommerziellen Interesse gegründet wurde, die mit Zinssätzen von 25% eine Suizidwelle hervorriefen, sind Mikrokredite in die öffentliche Kritik geraten. In dieser Arbeit …

Der Aufhänger sollte mit einer kurzen **Darstellung des Themas** verbunden werden. In den Leitfäden wird dies meist als „Einführung in das Thema" bezeichnet. Wichtig ist dabei, dass die zentralen Begriffe aus dem Titel der Arbeit aufgegriffen und knapp erläutert werden. Holen Sie dabei nicht zu weit aus: So sollte die Einleitung einer Arbeit mit dem Titel „Sind erneuerbare Energien zukunftsfähig? Eine wirtschaftliche Analyse am Beispiel der Windkraft" nicht mit einer Darstellung rückläufiger Kohlebestände im Ruhrgebiet beginnen, sondern bereits im ersten Satz das Wort „Windkraft" aufweisen.

Mögliche Formulierungen zur Darstellung des Themas

- Thema/Ziel/Gegenstand der vorliegenden/dieser Arbeit ist …
- Ausgehend von der Aussage/Frage/Hypothese/dem Problem … wird in dieser Arbeit …
- In der folgenden Arbeit wird … untersucht./wird untersucht, ob/wie/warum/inwiefern …

Oft wird bereits bei der Darstellung des Themas deutlich, inwiefern die Bearbeitung relevant ist. Wenn dies nicht der Fall ist, können Sie den zweiten Schwerpunkt der Einleitung einer Verdeutlichung der **Relevanz des Themas** widmen. In den Leitfäden wird dieser Aspekt oft „Rechtfertigung bzw. Relevanz der Themenstellung" genannt.

Mögliche Formulierungen zur Verdeutlichung der Relevanz des Themas

- Die Bearbeitung dieses Themas ist wichtig für … (die Untersuchung von …), da …
- Diese Frage/dieses Thema ist besonders vor dem Hintergrund von … interessant/relevant.
- Besonders relevant/interessant ist dieses Thema/diese Frage, weil …

Wenn es nicht in den ersten Abschnitten bereits deutlich benannt wurde, sollten Sie nun das **Ziel der Arbeit** konkret benennen: Was ist die Frage, die Sie beantworten, oder die Hypothese, die Sie diskutieren werden? Was wird durch Ihre Arbeit gewonnen?

Mögliche Formulierungen zur Bezeichnung des Ziels der Arbeit

- Ziel dieser Arbeit ist ...
- Die vorliegende Arbeit soll einen Beitrag dazu leisten, ...
- Dieser Arbeit liegt die Fragestellung/Hypothese zugrunde, ...

Meist ist es sinnvoll, hier bereits zu verdeutlichen, welche Aspekte des Themas bearbeitet werden können und welche nicht. Dies wird in den Leitfäden oft als **themenbezogene Abgrenzung** bezeichnet. Begründen Sie, warum Sie welche Aspekte behandeln und andere auslassen. Eine solche Abgrenzung ist nicht nur dann wichtig, wenn Sie ein sehr großes Thema bearbeiten: Stellen Sie sich vor, Sie besorgen sich eine Quelle für Ihre Arbeit, und in der Einleitung wird das Thema, das der Titel benennt, nicht weiter eingegrenzt: Sie würden sich zu Recht ärgern, wenn Sie erst 15 Seiten lesen müssten, um festzustellen, dass das Thema nicht vollständig bearbeitet wird.

Mögliche Formulierungen zur Ein- und Abgrenzung des Themas

- Das Thema umfasst mehrere Aspekte/Problemstellungen ... und zwar:
- Auch wenn ... kann ... in dieser Arbeit nicht behandelt werden, weil ...

Immer dann, wenn Sie mit einer bestimmten **Methode** oder auf der Grundlage bestimmter Modelle oder Theorien arbeiten, sollten Sie sie in der Einleitung benennen und begründen, warum sie für Ihre Arbeit sinnvoll sind. In den Leitfäden wird dies oft mit dem Stichpunkt „Untersuchungsmethodik“ bezeichnet. Wenn Sie keine spezifische Untersuchungsmethodik nutzen, und dies ist bei einer klassischen Literaturarbeit oft der Fall, müssen Sie zu diesem Stichpunkt nichts schreiben. Sie können aber auch dann in Anlehnung an die Darstellung in Kapitel 3.1 beschreiben, welche Art von Arbeit der Leser erwarten kann.

Mögliche Formulierungen zur Erläuterung der Methode, der zugrunde liegenden Theorie oder des zugrunde liegenden Modells

- Zur Beantwortung der Fragestellung ist es erforderlich, Daten aus dem Bereich ... zu erheben. Daher wird in dieser Arbeit ...
- Das zugrunde liegende Problem kann sinnvoll anhand von ... dargestellt werden, weil ...
- Eine angemessene Bearbeitung der vorliegenden Fragestellung erfordert den Einbezug empirischer Daten/eine Befragung von Unternehmen/...

Oft wird gefordert, dass in der Einleitung der **Forschungsstand** skizziert wird. Das ist eine schwere Aufgabe, weil Sie dafür einen Überblick über die zentralen Vertreter und die zentralen Ergebnisse zu Ihrem Thema haben müssen. In der Einleitung kann es jedoch lediglich darum gehen, einen groben Überblick über die Forschung zu geben.

Mögliche Formulierungen zur Darstellung des Forschungsstands

- Das Thema wird in der Forschung aus verschiedenen Perspektiven betrachtet/prinzipiell sehr einheitlich/sehr unterschiedlich bewertet.
- In der Forschungsliteratur werden primär ... Positionen zu ... vertreten: Während ... den Aspekt des ... hervorheben, betonen ...
- Mit der Bearbeitung dieses Themas wird Bezug auf aktuelle Studien genommen. Primär relevant sind hier die Untersuchungen von ..., weil sie/die insbesondere/...

Der letzte große Teil der Einleitung ist die Beschreibung des **Aufbaus der Arbeit**. In den Leitfäden wird dies oft unter dem Stichpunkt „Gang der Analyse“ bzw. „Aufbau der Arbeit“ behandelt. Häufig fassen Studierende hier lediglich die Gliederung zusammen – dann allerdings hat dieser Teil der Einleitung keinen informativen Eigenwert. Daher sollten Sie dem Leser hier Informationen geben, die mit dem Aufbau Ihrer Arbeit zusammenhängen, die aber aus der Gliederung nicht hervorgehen. Das kann zum Beispiel eine Begründung für den Aufbau der Arbeit sein oder eine Erläuterung des Zusammenhangs der einzelnen Kapitel (wo liegt der rote Faden), eine Beschreibung der Schwerpunkte einzelner Kapitel oder Unterkapitel, eine knappe Vorwegnahme der Argumentationsstruktur, eine genauere Abgrenzung der jeweiligen Kapitelthemen o. Ä. In dieser Darstellung sollten Sie jedes Kapitel berücksichtigen, abgesehen von der Einleitung.

Mögliche Formulierungen zur Beschreibung des Aufbaus der Arbeit

- Zu Beginn/Im 1./2./3. ... Kapitel dieser Arbeit (Kap. 2) wird ..., weil .../um ...
- Die zentralen Begriffe dieser Arbeit „..." und „..." werden in Kapitel 2 dargestellt. Auf der Grundlage dieser Definitionen wird in Kapitel 3 ...
- In einem Fazit (Kap. ...) werden die zentralen Ergebnisse dieser Arbeit zusammengefasst und ein Ausblick auf offen gebliebene Fragestellungen gegeben.

Mögliche Formulierungen für den letzten Satz:

- Im abschließenden Kapitel dieser Arbeit (Kap. 6) wird die eingangs gestellte Frage beantwortet/die in der Einleitung dargestellte Problematik aufgegriffen und ...
- In einem Fazit (Kapitel 6) werden die zentralen Ergebnisse dieser Arbeit zusammengefasst und ein Ausblick auf Themen/Aspekte/Fragen gegeben, die im Kontext dieser Arbeit zwar interessant sind, aber wegen der räumlichen Begrenzung nicht bearbeitet werden können.

Im Folgenden sehen Sie eine von uns kommentierte Einleitung aus einer Masterarbeit, die mit „sehr gut" benotet wurde:

Nach einer aktuellen Umfrage sprechen sich 80% der wahlberechtigten Bundesbürger für die Einführung eines Mindestlohns aus (infratest dimap, 2008). Vor diesem Hintergrund rücken Gewerkschaften und Teile der Politik das Thema im Hinblick auf die anstehenden Wahlen im Kalenderjahr 2009 auf die politische Agenda. So verspricht ver.di Chef Frank Bsirske, „die Politikerinnen und Politiker im Wahlkampf eindringlich zu ermahnen, sich für einen gesetzlichen Mindestlohn einzusetzen" (Stimmen für den Mindestlohn, 2008). Auf der anderen Seite wächst unter Arbeitgeberverbänden und Wirtschaftsforschungsinstituten der Widerstand gegen einen gesetzlichen Mindestlohn. In einer gemeinsamen Presseerklärung vom März 2008 warnen die Präsidenten von acht führenden Wirtschaftsforschungsinstituten in Deutschland vor den ökonomischen Folgen der Einführung eines gesetzlichen Mindestlohns und raten der Politik daher, sie zu unterlassen (Presseerklärung Wirtschaftsforschungsinstitute, 2008). Auch der Sachverständigenrat warnt in seinem aktuellen Gutachten vor negativen Beschäftigungseffekten, ineffizienten Verteilungsfolgen und der Aufbrechung der Tarifautonomie (SVR, 2008, S. 33ff.).

> Dieser Aufhänger verdeutlicht die gesellschaftliche Relevanz des Themenbereichs Mindestlohn, der in dieser Arbeit behandelt wird.

> Indem der Autor aufzeigt, dass Mindestlöhne kontrovers diskutiert werden, verdeutlicht er die Notwendigkeit wissenschaftlicher Ergebnisse zu seinem Thema und damit die Relevanz seiner Fragestellung.

Der Mindestlohn als wirtschaftspolitisches Instrument ist jedoch nicht a priori als gut oder schlecht zu bewerten. Vielmehr hängt seine Beurteilung davon ab, inwiefern sich mit ihm die gewünschten Ziele erreichen lassen und eventuelle Zielverfehlungen

> Indem der Autor die mit einem Mindestlohn verbundenen Ziele vorstellt, führt er zum einen weiter in das Thema ein und verdeutlicht zum anderen den Stellenwert der Auswirkungen eines

auftreten (Rürup, 2008, S. 5). Die mit der Forderung nach einem Mindestlohn verbundenen Ziele sind eine Verringerung der Armut, eine gerechtere Lohnverteilung und eine Entlastung der öffentlichen Kassen. Die Befürworter des Mindestlohns argumentieren, dass ein Mindestlohn diese Ziele ohne signifikante Beschäftigungsverluste erreichen kann. Ein Mindestlohn muss sich also an diesen Kriterien messen lassen, wenn er als ernsthafte wirtschaftspolitische Maßnahme gelten soll.

Mindestlohns auf die Beschäftigungsverhältnisse, die er in seiner Arbeit untersucht.
Bis hierhin stellt der Autor sein Thema also vor, indem er vom übergeordneten Themenbereich ausgehend konkreter auf das Thema seiner Arbeit hin führt.

Ziel dieser Arbeit ist es, die von Mindestlöhnen ausgehenden Beschäftigungseffekte darzustellen. Dafür werden zunächst theoretische Arbeitsmarktmodelle knapp dargestellt, um Wirkungsweisen und Effekte von Mindestlöhnen aufzuzeigen (Kapitel 2). Danach werden empirische Methoden zur Isolierung der Beschäftigungseffekte von Mindestlöhnen vorgestellt und mit ihnen gewonnene Ergebnisse gewürdigt (Kapitel 3). Bevor abschließend eine Gesamteinschätzung der Beschäftigungseffekte vorgenommen wird (Kapitel 5), werden in einer kurzen Übersicht Erfahrungen mit Mindestlöhnen aus unterschiedlichen europäischen Ländern skizziert (Kapitel 4), um daraus Hypothesen für potenzielle Auswirkungen des Mindestlohns auf die Beschäftigungsverhältnisse in Deutschland abzuleiten.

Hier benennt der Autor das mit der Arbeit verbundene Ziel und beschreibt, in welchen Schritten er darauf hinarbeitet. Einen informativen Mehrwert gegenüber der Gliederung hat diese Textpassage dadurch, dass der Autor Begründungen für sein Vorgehen anführt.

Nicht untersucht werden in dieser Arbeit fiskalische Folgen der Mindestlöhne für den Staatshaushalt, Armutsentwicklungen, Effekte auf die Lohnverteilung und andere Auswirkungen, die mit der Einführung eines Mindestlohns verbunden sind. Diese Arbeit kann daher keine abschließende Analyse der Auswirkungen des Mindestlohns vornehmen, denn selbst bei negativen Beschäftigungseffekten kann ein Mindestlohn gesellschaftlich und politisch gewollt sein, wenn andere Effekte die negativen Beschäftigungseffekte überkompensieren.

Hier grenzt der Autor das Thema ein, indem er verdeutlicht, welche Aspekte er in der Arbeit nicht bearbeiten wird. Es ist ungewöhnlich, dass dies am Ende der Einleitung steht. Doch ist es in diesem Fall sinnvoll, weil die Abgrenzung inhaltlich an den vorherigen Absatz anknüpft.

Abb. 24: Kommentierte Einleitung

9.4 Zentrale Begriffe definieren und erläutern

Damit Leser wissenschaftlicher Texte der Argumentation des Autors folgen können, müssen zentrale Begriffe präzise definiert sein. Denn eine Definition hat die **Funktion**, aus der Vielzahl möglicher Interpretationsmöglichkeiten genau die auszuwählen, die am besten beschreibt, was in der Arbeit mit dem Begriff gemeint ist. Dafür darf eine Definition weder zu eng noch zu weit gefasst sein, sie muss den Begriff in seiner Gänze beschreiben (darf also keine Ausnahmen zulassen), darf nicht auf anderen definitionswürdigen Begriffen basieren und sollte so kurz und präzise wie möglich sein.

Es ist oft nicht leicht zu **entscheiden, welche Begriffe in einer Arbeit definiert werden sollten**, zumal Prüfer unterschiedliche Erwartungen haben. Einige Anregungen können wir Ihnen dennoch geben, die Ihnen die Entscheidungen erleichtern:

- Stellen Sie sich als Adressaten der Arbeit einen Kommilitonen vor, der im Studium so weit ist wie Sie, der sich mit Ihrem Thema jedoch noch nicht tiefgehend auseinandergesetzt hat. Er sollte Ihre Arbeit verstehen können.
- Besondere Aufmerksamkeit sollten Sie den Begriffen widmen, die in Ihrem Titel oder in Ihrer Fragestellung vorkommen. Bei diesen Begriffen müssen Sie vollkommen sicher sein, dass ein Leser dasselbe mit ihnen verbindet wie Sie. Wenn Sie unsicher sind, ob dies der Fall ist, können Sie beispielsweise fortgeschrittene Kommilitonen und Fachfremde fragen, was sie unter dem Begriff verstehen. Wenn Sie dabei feststellen, dass der Begriff entweder nicht allen bekannt ist oder nicht für alle dasselbe bedeutet, sollten Sie ihn definieren.
- Wenn Sie unsicher sind, ob Sie einen Begriff definieren müssen, können Sie nach seiner Definition googlen. Wenn Sie dabei feststellen, dass der Begriff unterschiedliche Bedeutungen aufweist, muss er definiert werden.
- Wenn Sie ein gutes Betreuungsverhältnis haben, können Sie Ihren Betreuer fragen, welche Begriffe im Kontext Ihrer Arbeit seiner Ansicht nach definiert werden sollten.

Je nach Umfang der Arbeit und Stellenwert des Begriffs für die Arbeit ist es sinnvoll, lediglich die für Ihre Arbeit sinnvolle Definition zu geben, verschiedene Definitionen zu vergleichen und auf der Grundlage einer Diskussion zu einer geeigneten eigenen Definition zu gelangen oder die Definition selbst herzuleiten. Die letzten beiden Vorgehensweisen sind jedoch eher in Examensarbeiten üblich. Doch auch in einer Seminararbeit kann es erforderlich sein, verschiedene Definitionen eines Begriffes zu diskutieren, zum Beispiel wenn Sie einen Zusammenhang zwischen der Definition eines Begriffs und der Relevanz des Phänomens behaupten (*Welche Definition kleiner und mittlerer Unternehmen ist im Kontext der Unternehmensbewertung solcher Unternehmen sinnvoll?*).

Beim **Formulieren und Wiedergeben von Definitionen mit eigenen Worten** müssen Sie sprachlich sehr sorgfältig sein: Viele Definitionen in der Fachliteratur sind gut durchdacht. Es ist daher schwer, nichts zu verfälschen, wenn Sie Begriffe durch andere ersetzen oder wenn Sie eine Definition zusammenfassen und dadurch einzelne Aspekte auslassen.

Kurze Definitionen können Sie deswegen auch wörtlich zitieren. Wenn eine Definition umstritten ist, gilt jedoch bei Nutzung direkter Zitate noch stärker als bei eigenständiger Wiedergabe, dass Sie sie kommentieren und diskutieren müssen.

Wenn Sie **verschiedene Definitionen gegenüberstellen und diskutieren**, ist es wichtig, dass Sie die Darstellung in irgendeiner Form systematisieren. Die Auseinandersetzung mit folgenden Fragen kann dabei helfen, eine solche Systematik zu entwickeln:

- Welche Aspekte werden in jeder Definition genannt, können also möglicherweise als obligatorische Definitionskriterien angesehen werden?
- Welche Aspekte werden nur in einzelnen Definitionen genannt? Welche Ursache kann es haben, dass gerade in diesem Artikel der Aspekt in die Definition einbezogen wird, ein anderer Aspekt nicht?

Hier sehen Sie ein Beispiel aus einer Hausarbeit zur *Unternehmensbewertung von kleinen und mittleren Unternehmen* (KMU). Der Autor geht darin von der knapperen Definition zur weiteren und kritisiert diese Definitionen, weil sie sich unterscheiden:

Das Institut für Mittelstandsforschung Bonn (IfM) definiert KMU anhand der Anzahl der Mitarbeiter und der Höhe des Umsatzes. Demnach gilt ein Unternehmen als KMU, wenn es maximal 500 Mitarbeiter beschäftigt und einen Umsatz von 50 Mil. € nicht überschreitet. Die Definition der EU-Kommission bezieht zusätzlich die Bilanzsumme in die Definition ein. Dieser Definition nach wird ein Unternehmen als KMU eingestuft, wenn es bis zu 249 Mitarbeiter hat, einen Umsatz zwischen 10 und 50 Mil. € ausweist und eine Bilanzsumme von weniger als 43 Mio. € erreicht. Anhand dieser Beispiele zeigt sich, dass quantitative Definitionen von KMU sowohl von unterschiedlichen Merkmalen ausgehen als auch unterschiedliche Werte heranziehen. In Bezug auf die Unternehmensbewertung sind solche quantitativen Definitionen daher nicht sinnvoll. Zudem ...

Um **eine Definition eigenständig zu entwickeln**, können Sie zunächst alle Assoziationen sammeln, die der Begriff bei Ihnen auslöst, beispielsweise in einem Cluster. Sortieren und ergänzen Sie anschließend Ihre Assoziationen, indem Sie nach Relationen suchen und evtl. im Internet recherchieren, welche weiteren Assoziationen der Begriff auslösen kann. Beurteilen Sie dann, welche Eigenschaften für den zu definierenden Begriff im Kontext Ihrer Arbeit besonders wichtig, welche weniger wichtig sind.

Nachdem Sie sich entschieden haben, welche Begriffe Sie in welcher Art und Weise definieren, müssen Sie **festlegen, an welcher Stelle der Arbeit**

die Definition sinnvoll ist. Sie können Begriffe in der Einleitung definieren, in einem eigens zur Definition und Erläuterung des Begriffs angelegten Kapitel, in einer Fußnote oder an der Stelle im Fließtext, an der der Begriff zum ersten Mal vorkommt. Auch diese Entscheidung hängt davon ab, welchen Stellenwert der Begriff innerhalb der Arbeit einnimmt und wie lang Ihre Arbeit werden darf.

Zentrale Begriffe müssen Sie nicht nur definieren, sondern auch erläutern. Doch achten Sie darauf, dass Sie nur die Aspekte erläutern, die entweder für das Verständnis des Gegenstands absolut erforderlich sind oder die Fakten liefern, die Sie in den Analysekapiteln wieder aufgreifen.

Beispiel: Sie bearbeiten die Fragestellung *Mit welchen staatlichen Sozialfördermaßnahmen lässt sich Kinderarmut in Deutschland bekämpfen?* Dann ist es sinnvoll, den Begriff der Kinderarmut zu definieren, je nach Länge der Arbeit bereits in der Einleitung oder in einem eigenen Kapitel. Es ist aber nicht sinnvoll, die Geschichte der Kinderarmut in Deutschland darzustellen oder die Definitionen von Kinderarmut in Deutschland und der dritten Welt zu vergleichen. Zur Bearbeitung dieser Fragestellung ist es auch nötig, Sozialfördermaßnahmen zu erläutern. Doch: Es sollten nur die Maßnahmen definiert und erläutert werden, die in der Arbeit betrachtet werden; andere können Sie beispielsweise benennen und begründen, warum sie für Ihre Arbeit unwichtig sind.

Mögliche Formulierungen für Definitionen

- Der Begriff x/x wird definiert als .../bezeichnet .../umfasst/kennzeichnet ...
- Mit dem Begriff x wird ... bezeichnet, beschrieben, gekennzeichnet, ...
- Der Begriff x wird in dieser Arbeit der Definition von Meier folgend verstanden als ...

9.5 Den Forschungsstand darstellen

Bei der Beschreibung des Forschungsstands stellen Sie dar, was andere zum Thema Ihrer wissenschaftlichen Arbeit herausgefunden haben. Er ist daher als Ausgangspunkt der eigenen Argumentation wichtig: In Abgrenzung oder in Bezug auf das, was andere gesagt haben, können Sie Ihre Herangehensweise, Positionen, Argumente etc. entwickeln und verdeutlichen. Dem Prüfer dient dieses Kapitel als Nachweis, dass Sie die zentralen Forschungsansätze, Positionen, Argumente etc. kennen und berücksichtigen.

In der Regel fordern die Prüfer nur in Abschlussarbeiten, dass Sie den Forschungsstand bzw. eine ausführliche Literaturvorstellung oder -diskussion liefern. In kürzeren Arbeiten ist es meist lediglich erforderlich, Ausschnitte des Forschungsstands in Teilen einzelner Kapitel, zum Beispiel im Theorieteil, knapp zu beschreiben.

Diese drei Schritte müssen Sie für die Beschreibung des Forschungsstands gehen:

1. Entscheiden Sie, welche Literatur Sie darstellen wollen, welche nicht, welche ggf. am Ende des Kapitels tabellarisch in einem sog. Literatur-Review (s. u.) kurz vorgestellt wird.
2. Suchen Sie nach einer sinnvollen Möglichkeit, die Literatur für die Darstellung zu ordnen.
3. Nehmen Sie unterschiedliche Ansätze, Denkschulen oder Ergebnisse zum Anlass, sie zu erläutern und sich argumentativ zu positionieren.

Vergegenwärtigen Sie sich zunächst, welcher Forschungsstand die Grundlage Ihrer Arbeit bildet: Wenn Sie die Fragestellung bearbeiten *Welchen Einfluss haben interpersonelle Faktoren auf das Kaufverhalten von Konsumenten,* ist es weder sinnvoll, den Forschungsstand zu Kaufverhalten darzustellen, noch ausführlich auszuarbeiten, was unterschiedliche Autoren unter interpersonellen Faktoren verstehen (Letzteres mag zwar in der Arbeit erforderlich sein, doch nicht bei der Darstellung des Forschungsstands, sondern bei der Beschreibung oder der Definition des Gegenstands). Stattdessen sind für Ihr Thema diejenigen Studien hilfreich, die Ihre Frage vollständig oder teilweise bearbeiten, sich also mit dem Einfluss der interpersonellen Faktoren auf das Kaufverhalten beschäftigen.

Als Ausgangspunkt für die Darstellung des Forschungsstands können Sie **von den Forschungsergebnissen einzelner Forscher ausgehen**. Dies empfiehlt sich immer dann, wenn es entweder vom Betreuer so gefordert wird oder wenn einzelne Ansätze untrennbar mit einer Person verbunden sind (wie beispielsweise beim Coase-Theorem oder der Lucas-Kritik). Dann können Sie etwa zu Beginn die Forschungsergebnisse des Hauptvertreters des Ansatzes darstellen und im nächsten Schritt chronologisch oder nach Relevanz geordnet die Weiterentwicklungen erläutern. Wer die zentralen Vertreter einer Forschungsrichtung sind, erfahren Sie meist in Überblicksartikeln, Handbüchern sowie Lehrbüchern oder Sie erkennen sie daran, wie oft sie in der Literatur zitiert werden (vgl. Kap. 7.1.2).

Darstellung des Forschungsstands auf der Grundlage zentraler Autoren

Autor 1	Autor 2	Autor 3
Erster/wichtigster/ bekanntester/aktuellster Autor, der zum Thema geforscht hat	zweiter/zweitwichtigster/ zweitbekanntester/ zweitaktuellster Autor, der zum Thema geforscht hat/ Autor, der am nächsten an Autor 1 gearbeitet hat oder am weitesten entfernt ...	...
• stellt die These auf ... • erforscht ... • untersucht ... • stellt einen Zusammenhang her ... • behauptet ... • geht aus von ... • verwendet ... • kommt zu dem Ergebnis/Schluss ... • berücksichtigt nicht ... • lässt... unberücksichtigt • lässt offen ...	• teilt ... • greift ... auf • ergänzt ... • erweitert ... • verwirft ... • berücksichtigt ... (nicht) • stellt im Gegensatz zu Autor 1 in den Vordergrund/in den Hintergrund ... • entwickelt weiter ... • nutzt ...	...

Jedoch ist es für die Darstellung des Forschungsstands meist sinnvoller, **von den zentralen Positionen aus der Literatur auszugehen** als von zentralen Autoren, denn für die meisten Arbeiten sind nicht die Forscher relevant, sondern deren Ergebnisse. Zudem deutet der Bezug auf einen Forscher an, dass die Ergebnisse möglicherweise nicht als Fakten zu verstehen sind. Dafür ein Beispiel: *Nach Coffee (2005, S. 200) zeichnet sich der Streubesitz vor allem durch starke Wertpapiermärkte, strenge Publizitätspflichten und einen hohen Aktienumschlag aus.* Ein Leser kann sich hier fragen, ob andere Forscher zu denselben Schlüssen kommen oder ob nur Coffee diese Ansicht vertritt. Bei folgender Aussage kommt diese Frage nicht mehr auf: *Streubesitz zeichnet sich vor allem durch starke Wertpapiermärkte, strenge Publizitätspflichten und einen hohen Aktienumschlag aus (Coffee, 2005, S. 200)*. Hier wird die Aussage als Faktum präsentiert, weil sie nicht durch den expliziten Hinweis auf einen Autor relativiert wird.

Um den Forschungsstand anhand der zentralen Positionen zu beschreiben, ist es hilfreich, wenn Sie erneut einen Blick von oben auf die Ergebnisse Ihrer Recherche werfen:

- Welche thematischen Aspekte werden von den meisten Autoren aufgegriffen, welche nur von wenigen?
- Welche der Aspekte, die selten thematisiert werden, sind für Ihre Fragestellung, Ihre Argumentation wichtig, welche weniger oder gar nicht wichtig?
- Welche Methoden haben die Autoren genutzt und zu welchen Ergebnissen sind sie damit gekommen?
- Welche Ergebnisse stimmen überein, ergänzen oder widersprechen sich?
- Gibt es einen Zusammenhang zwischen der Art der Ergebnisse und den verwendeten Methoden?

Die Beantwortung dieser Fragen kann Ihnen dabei helfen, eine **Systematik für die Darstellung des Forschungsstands** zu entwickeln. Diese könnte beispielsweise von den verwendeten Methoden, den Übereinstimmungen in den Ergebnissen oder dem jeweiligen Teilbereich ausgehen, der untersucht wurde.

Darstellung des Forschungsstands auf der Grundlage zentraler Positionen oder Erkenntnisse

Position/Erkenntnis 1	Position/Erkenntnis 2	Position/Erkenntnis 3
Erste/aktuellste/bekannteste/zentralste/(un-)umstrittenste Position oder Erkenntnis	Zweite/zweitbekannteste/zweitwichtigste/weniger oder stärker umstrittene Position oder Erkenntnis	...
• Ausgangspunkt der Forschung zu ... • Die grundlegende Annahme zu ... • Im Kern der Forschung zu ... • Die neueste Erkenntnis zu ... • Grundannahme zu ... ist ... • Anerkannt ist ... • (Besonders) umstritten ist ... • Zentrale Vertreter dieses Ansatzes/dieser Theorie ... • Zu diesem Ergebnis kamen...	• Daran anknüpfend ... • Darauf aufbauend ... • Dem zugrunde liegt ... • Weitergehend untersucht wurde dies ... • Eine weitere Studie kam zu einem anderen Ergebnis ...	...

Stellen Sie dem Leser die Systematik Ihrer Darstellung zu Beginn des Kapitels vor. Dafür können Sie beispielsweise Formulierungen nutzen wie:

Mögliche Formulierungen zur Vorstellung der Systematik

- Ausgehend von den Gemeinsamkeiten/Unterschieden ...
- Die Forschung zu ... wurde aus zwei unterschiedlichen Blickwinkeln vollzogen ...

Auch die Darstellung des Forschungsstands sollte nicht rein darstellend bleiben. Insbesondere widersprüchliche Argumentationen oder einander widersprechende Ergebnisse sollten Sie zum Anlass nehmen, um auf der Grundlage einer Diskussion argumentativ zu einer Bewertung der Widersprüche zu gelangen. Mit anderen Worten: Immer dann, wenn die Forschung auf unterschiedlichen Methoden basiert, von unterschiedlichen Denkschulen ausgeht oder zu unterschiedlichen Ergebnissen gelangt, interessiert es den Leser, welche Ursachen und welche Konsequenzen dies hat. Bemühen Sie sich daher, die Unterschiede sachlich neutral und intersubjektiv nachvollziehbar zu begründen. Das kann beispielsweise so geschehen: Zunächst stellen Sie nacheinander die unterschiedlichen Ergebnisse oder Positionen (A, B, ...) neutral vor. Anschließend arbeiten Sie potenzielle Gründe (Prämissen) für diese Unterschiede heraus. Indem Sie die Gründe mithilfe von Pro- und Contra-Argumenten diskutieren, können Sie abwägen, ob eine Position für Ihre Fragestellung sinnvoller ist bzw. welches Ergebnis aus Ihrer Sicht eher zutrifft. Die folgende Abbildung illustriert dieses Vorgehen:

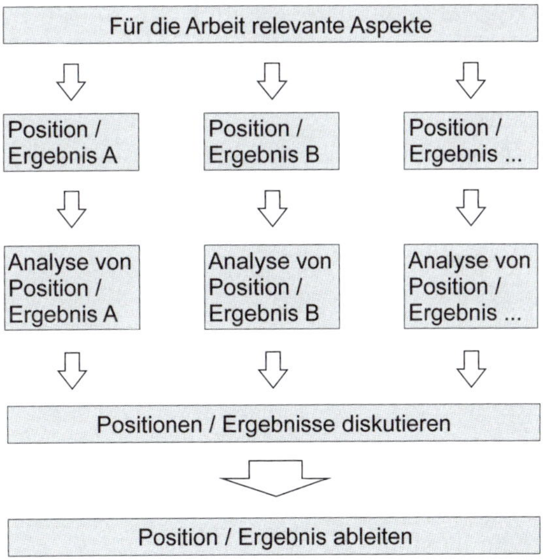

Abb. 25: Aus unterschiedlichen Ergebnissen oder Positionen eine eigene ableiten

Ideal ist es, wenn anhand der Darstellung des Forschungsstands die wissenschaftliche Relevanz Ihrer Arbeit deutlich wird, z. B. indem Sie herausarbeiten, dass bislang niemand den Gegenstand mit Ihrer Methode untersucht hat oder dass exakt Ihre Fragestellung noch nicht untersucht wurde. Oder es zeigt sich, dass zu Ihrer Fragestellung gegensätzliche Positionen vertreten werden, die bislang nicht so ausführlich diskutiert wurden, wie Sie es tun werden. Doch denken Sie daran: In den meisten Arbeiten müssen Sie nichts in dieser Weise Neues schreiben, um eine sehr gute Note zu erhalten – setzen Sie sich daher nur zum Ziel, eine solche **Forschungslücke** offenzulegen, wenn es wirklich von Ihnen verlangt wird. Falls Sie aber bei der Darstellung des Forschungsstands zufällig feststellen, dass Ihre Fragestellung auf eine Forschungslücke zielt, können Sie sich freuen. In diesem Fall sollten Sie den Leser natürlich auf die Lücke hinweisen. Dafür können Sie Formulierungen nutzen wie: *In der Forschung ist diese Fragestellung bislang nicht eingehend behandelt worden. Insofern leistet diese Arbeit einen Beitrag ...*

Sie können am Ende der Diskussion des Forschungsstands in einer Tabelle alle Studien zum Thema darstellen, die Sie gefunden haben. Dies empfiehlt sich insbesondere, wenn Sie mehr Studien gelesen haben, als Sie im Forschungsstand darstellen. Eine solche Tabelle wird als **Literatur-Review** bezeichnet. Sie könnte zum Beispiel mit fünf Spalten versehen sein, in denen jeweils „Autor“, „Gegenstand“, „Methode“, „These“ und „Ergebnis“ der Studie benannt werden. Wenn Sie ein Literatur-Review nutzen, sollten Sie zu Beginn des Kapitels bereits darauf hinweisen und erläutern, nach welchen Kriterien Sie entschieden haben, ob Sie die Literatur nur in der Tabelle oder auch im Fließtext darstellen.

Aus einer Masterarbeit zum Einfluss affektiver Reaktionen auf die Kaufentscheidung stammt dieses Literatur-Review:

Studie	Daten	Methode	Unabhängige Variable	Wirkung von affektiven Reaktionen	Moderator
Shirai 2009	Online-Befragung	MANOVA ANOVA	Unerwartete Preishöhe	Kaufintention	keine
Suri/ Manchanda/ Kohli 2002	Befragung	MW-Vergleich MANOVA	Dauerniedrigpreise Sonderangebote	Produktbeurteilung	keine
Honea/ Dahl 2005	fünf Studien Fokusgruppe Befragung	Eliminierung durch Häufigkeitsauszählung	Verkaufsaktionen	keine	keine
Campell 2007	Befragung	ANOVA	Preisänderung	Wahrgenommene Preisfairness	Herkunft der Preisinformation
...					

Wie das folgende Beispiel aus einer Seminararbeit zeigt, die ebenfalls aus dem Bereich Marketing stammt, kann ein Literatur-Review statt als Tabelle auch als Abbildung gestaltet werden:

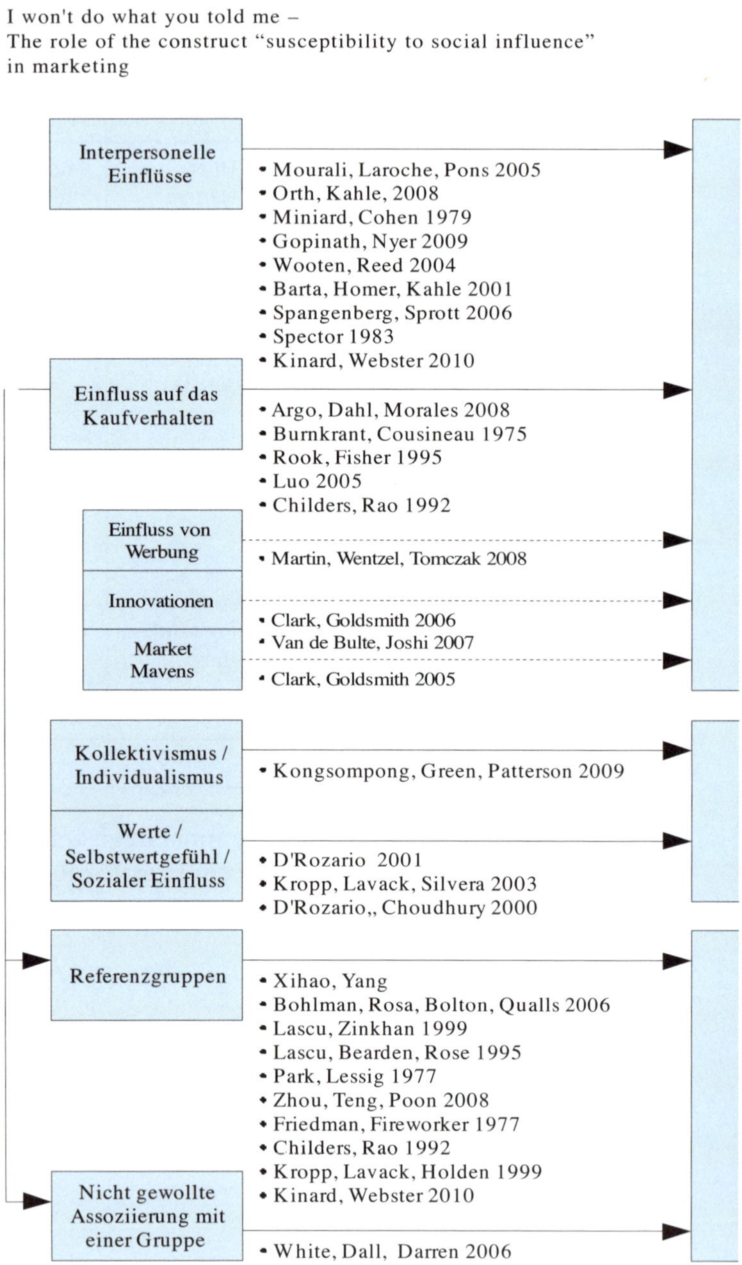

Abb. 26: Literatur-Review

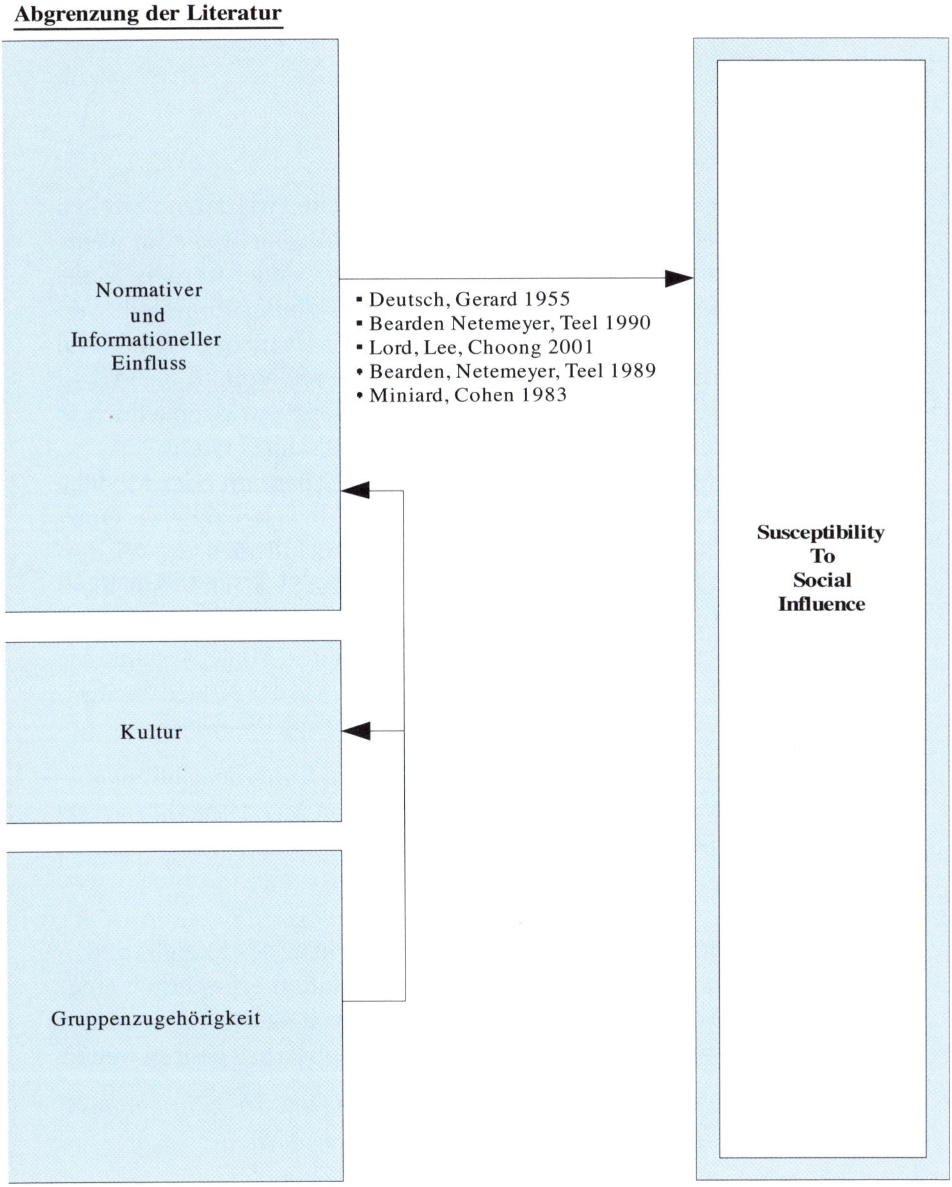
Abgrenzung der Literatur
Normativer
und
Informationeller
Einfluss
▪ Deutsch, Gerard 1955
▪ Bearden Netemeyer, Teel 1990
▪ Lord, Lee, Choong 2001
• Bearden, Netemeyer, Teel 1989
• Miniard, Cohen 1983
Kultur
Gruppenzugehörigkeit
Susceptibility
To
Social
Influence

Tipp

>> Nutzen Sie Literaturverwaltungssoftware (vgl. Kap. 6.1) – das erspart Ihnen insbesondere bei der Darstellung des Forschungsstands viel Arbeit.

9.6 Theorien und Modelle beschreiben

In den meisten wirtschaftswissenschaftlichen Arbeiten werden im zweiten oder dritten Kapitel Theorien und/oder Modelle vorgestellt, die im weiteren Verlauf der Arbeit auf einen Gegenstand angewendet werden. Meist sollten die Theorien oder Modelle dafür nicht vollständig vorgestellt werden – das wäre in einer Haus- oder Seminararbeit oft nicht möglich und sinnvoll –, sondern nur die Aspekte, die im weiteren Verlauf der Arbeit berücksichtigt bzw. angewendet werden. Diese Aspekte müssen jedoch so dargestellt werden, dass der Leser den Zusammenhang versteht.

Vielen Studierenden fällt es besonders schwer, Theorien oder Modelle mit eigenen Worten darzustellen, weil sie bereits in vielen anderen Quellen beschrieben wurden. Daher ist es hier besonders hilfreich, die Wiedergabestrategien aus Kapitel 7.2 zu nutzen. Verwenden Sie nach Möglichkeit die Primärquelle für Ihre Darstellung.

Zu Beginn der Beschreibung einer Theorie oder eines Modells sollten Sie knapp beschreiben, wovon die Theorie handelt bzw. was das Modell darstellt, und verdeutlichen, wofür sie oder es geeignet ist, beispielsweise so:

Die Prinzipal-Agent-Theorie ist ein Teilgebiet der neuen Institutionenökonomik. Sie liefert einen Erklärungsansatz für das Handeln von Menschen, die in einer hierarchischen Beziehung zueinander stehen, in der Informationsasymmetrien gegeben sind.

Anschließend sollten Sie die Bereiche der Theorie bzw. des Modells detaillierter beschreiben, die für Ihre spätere Argumentation erforderlich sind. Dabei sollten Sie verdeutlichen, welchen Stellenwert sie im Rahmen der Theorie oder des Modells haben. Die gewählte Beispielarbeit geht so weiter:

Signaling und Screening sind Verfahren, um das Problem der Informationsasymmetrien zu reduzieren: Mithilfe des Signaling verdeutlicht der Agent …

Falls Sie zentrale Aspekte der Theorie oder des Modells für Ihre Arbeit nicht nutzen, ist es sinnvoll, den Leser entweder zu Beginn des Kapitels oder bereits bei der Beschreibung des Aufbaus der Arbeit in der Einleitung darauf hinzuweisen, aus welchen Gründen Sie welche Bereiche der Theorie oder des Modells nicht darstellen werden. Im Beispiel sieht das so aus:

Die Prinzipal-Agent-Theorie beschreibt primär Verträge. Dieser zentrale Aspekt der Theorie ist jedoch in dieser Arbeit irrelevant. Stattdessen soll der Begriff des Signaling ...

Berücksichtigen Sie bei der Beschreibung der Theorie oder des Modells, dass Sie damit die Grundlage für die weiteren Kapitel legen. Deshalb ist es sinnvoll, die Informationen so aufzubereiten, dass Sie sie gut für Ihre Argumentation nutzen können. Eine sinnvolle und häufig genutzte Form einer solchen Aufbereitung ist, mit der Reihenfolge der Präsentation von Informationen bereits die Reihenfolge festzulegen, in der später der Gegenstand mithilfe des Modells oder der Theorie untersucht wird.

Tipp

Falls es Ihnen schwer fällt, eine geeignete Darstellungssystematik festzulegen, können Sie zunächst die späteren Kapitel schreiben. Sie können dann im Nachhinein gut entscheiden, welche Informationen in welcher Reihenfolge bei der Beschreibung der Theorie oder des Modells erforderlich sind.

Oft ist es sinnvoll, die Theorie oder das Modell bereits in engem Bezug zur Fragestellung darzustellen. In einer Arbeit zu *staatlichen und privaten Personaldienstleitungen* wird im Theoriekapitel zum *Arbeitsmarkt* sowohl die Prinzipal-Agent-Theorie als auch die Transaktionskostentheorie so integriert:

Der Zweck des Arbeitsmarktes ist es, Arbeitsnachfrage und Arbeitsangebot optimal zusammenzuführen. Dieser sogenannte Matching-Prozess ist aufgrund von Informationsasymmetrien zwischen Arbeitgeber und -nehmer zeitintensiv und verursacht daher Transaktionskosten, die sich der Transaktionskostentheorie zufolge auf die ökonomische Tätigkeit von Akteuren auswirken.

9.7 Theorien und Modelle auf einen Gegenstand anwenden – die Analyse

Dieses Kapitel bildet das Herzstück der meisten Arbeiten, weil Sie darin in der Regel die größte Eigenleistung erbringen und Ihre Arbeit entsprechend daran gemessen wird.

Wichtig ist, dass Sie alles, was Sie für dieses Kapitel an Informationen benötigen, bereits in den vorhergehenden Kapiteln ausgearbeitet haben, weil im Analysekapitel in der Regel keine weitergehenden theoretischen Überlegungen, Ausführungen, Definitionen etc. stehen sollten. Das bedeutet umgekehrt, dass Sie Informationen aus dem Theorieteil streichen können, die weder für das Verständnis des Themas erforderlich sind noch im Analyse- bzw. Anwendungskapitel wieder aufgegriffen werden.

Im Idealfall haben Sie in Ihrem Theorieteil die Informationen so aufbereitet, dass sie für die Analyse erläutert und sortiert wurden, der Leser also bereits durch die Lektüre des Theorieteils die Systematik des Analyse- bzw. Anwendungskapitels kennenlernt. Je systematischer Sie bei der Analyse des Gegenstands oder bei der Anwendung der Theorie bzw. des Modells auf den Gegenstand vorgehen, desto besser ist es.

Gerade weil Sie in diesem Kapitel sehr eigenständig arbeiten und auf die Informationen aus dem Theorieteil zurückgreifen, verarbeiten Sie hier in aller Regel deutlich weniger oder sogar gar keine Quellen. Falls Sie hier doch Quellen nutzen, dann am ehesten Statistiken oder anderweitige Daten, die Sie beispielsweise für Ihre Analyse benötigen.

Wie Sie konkret eine solche Analyse oder Anwendung einer Theorie oder eines Modells auf einen Gegenstand durchführen sollten, können wir Ihnen an dieser Stelle leider nicht erläutern, weil dies grundsätzlich von Ihrem Gegenstand und Ihrer Aufgabe abhängt. Anhand des Beispiels, das wir in Kapitel 3 ausgearbeitet haben, können wir Ihnen jedoch verdeutlichen, welche Aufgaben in einem solchen Kapitel bearbeitet werden.

Beispiel: Die Studentin, die das in Kapitel 3 entwickelte Thema Hochschulmarketing in ihrer Masterarbeit behandelt, beantwortet darin, für welche Unternehmen welche Hochschulmarketingmaßnahme effizient ist. Dies tut sie, indem sie ausgewählte Maßnahmen in Bezug auf die drei zentralen Ziele des Hochschulmarketings (Bildung eines Unternehmensimages, Rekrutierung von Mitarbeitern und aktiver Wissenstransfer zwischen Forschung und Wirtschaft) und ihre Effizienz für verschiedene Unternehmensgrößen (KMU vs. Großunternehmen) sowie Fachbereiche (Informatik und Design) bewertet.

Dafür hat sie im **Theorieteil** ihrer Arbeit neben der Definition der zentralen Begriffe erläutert, inwiefern die Unternehmensgröße und der Fachbereich geeignete Analysegesichtspunkte darstellen, die Theorie vorgestellt, mit der sie die Analyse durchführen wird (Prinzipal-Agent-Theorie), und die Ziele des Hochschulmarketings sowie die später analysierten Maßnahmen detailliert vorgestellt. Auf diese Weise hat sie sowohl die

Grundlage für die Analyse gelegt, indem sie die einzelnen Analysegesichtspunkte eingeführt hat, als auch bereits eine Struktur für die Analyse entwickelt: Die Reihenfolge, in der sie die Marketingmaßnahmen, die Unternehmensgrößen und die Fachbereiche vorstellt, entspricht der Reihenfolge ihrer Analyse.

Im **Analyseteil** untersucht sie nun die Maßnahmen anhand der zuvor dargestellten Ziele: im ersten Unterkapitel nach verschiedenen Unternehmensgrößen, in zweiten nach verschiedenen Fachbereichen. Beide Unterkapitel sind wiederum entsprechend der Untersuchung der Maßnahmen untergliedert, von der sie jede mit derselben Systematik analysiert:

Analyse einer Maßnahme hinsichtlich eines Aspekts (Unternehmensgröße oder Fachbereich)

- Nützlich für Imagebildung in Bezug auf
  → Bekanntheit
  → Identifizierung
- Nützlich für Rekrutierung in Bezug auf
  → Ansprache
  → Selektion
  → Bindung
- Nützlich für Wissenstransfer
- Visualisierung der Ergebnisse in einer Tabelle

Die Ergebnisse der Untersuchung von Absolventenmessen beispielsweise visualisiert sie am Ende dieses Abschnitts so:

Analyse von Absolventenmessen

Ziele / Größe	Imagebildung		Rekrutierung			Wissens-transfer
	Bekannt-heit	Identifi-zierung	An-sprache	Selektion	Bindung	
KMU	+	o	+	+	-	-
Groß-unter-nehmen	++	-	++	o	-	-

Der Analyseteil nimmt mit 27 Seiten beinahe 50% der Arbeit ein. Er ist insofern vorbildlich, als dass er sehr systematisch strukturiert ist, die Abgrenzung zur Theorie deutlich vollzogen wurde und am Ende jedes Abschnitts die Teilergebnisse sinnvoll visualisiert werden.

>> **Tipp**

Schauen Sie sich Artikel aus Fachzeitschriften daraufhin an, wie dort Analysen unter Anwendung von Modellen oder Theorien durchgeführt werden.

9.8 Ergebnisse präsentieren und diskutieren

Wie bereits in Kapitel 3 angesprochen, ist ein Kapitel zur Präsentation und Diskussion der Ergebnisse nicht für jede Arbeit sinnvoll. Sie sollten ein solches Kapitel in längeren, analytischen und/oder empirischen Arbeiten nutzen, insbesondere, wenn die Ergebnisse am Ende der Arbeit nicht bereits offensichtlich sind. Doch auch bei kürzeren Arbeiten ist ein solches Kapitel sinnvoll, wenn die Ergebnisse komplex sind, ihre Darstellung also beispielsweise mehr als eine halbe Seite Raum beanspruchen würde oder Sie Visualisierungen wie Diagramme, Tabellen o. Ä. nutzen möchten.

Je nach Art der Ergebnisse, die Sie in den vorhergehenden Kapiteln gewonnen haben, sollten in diesem Kapitel folgende Arbeitsschritte vollzogen werden:

- Einzelne Ergebnisse werden präsentiert und kommentiert, falls sie von der Forschung abweichen.
- Einzelne Ergebnisse werden zu einem Gesamtergebnis bzw. zu einer Hauptaussage zusammengefasst.
- Das Gesamtergebnis wird in einen Kontext zum Forschungsstand bzw. zum theoretischen Hintergrund gestellt.
- Es werden Implikationen der Ergebnisse für die Wirtschaft, die Forschung oder die Politik gezogen.

Um zu entscheiden, welcher dieser Arbeitsschritte für Ihre Arbeit sinnvoll ist, müssen Sie neben der Art der Ergebnisse auch berücksichtigen, welche Informationen Sie in das Schlusskapitel stellen werden. Generell gilt: Je länger das Ergebniskapitel, desto kürzer das Schlusskapitel. Und: Wenn Sie ein Ergebniskapitel anlegen, empfehlen wir Ihnen, das Schlusskapitel „Fazit“ zu betiteln und dort lediglich das Ergebnis und die wichtigsten Implikationen zusammenzufassen. Es sollte dann eine Seite Länge nicht überschreiten.

Da wir auch zur Präsentation und Diskussion der Ergebnisse keine weitergehenden allgemeinen Hinweise geben können, weil der Inhalt des Kapitels von der Art der Arbeit abhängt, greifen wir hier das **Beispiel** aus dem vorangegangenen Unterkapitel wieder auf:

In ihrem Analyseteil hat die Studentin viele Einzelergebnisse gewonnen: Aussagen zu jeder Hochschulmarketingmaßnahme über die Effizienz für unterschiedliche Unternehmen und für unterschiedliche Fachbereiche.

In dem Kapitel zur Präsentation und zur Diskussion der Ergebnisse fasst sie nun zunächst die **einzelnen Ergebnisse** zu beiden Analysegesichtspunkten zusammen und visualisiert sie als **Gesamtergebnis** anschließend in einer Tabelle, die für die Analyse der Effizienz einer Maßnahme für Großunternehmen so aussieht:

Analyseergebnisse bei Unternehmensgröße – Großunternehmen						
Ziele / Maßnahmen	Imagebildung		Rekrutierung			Wissenstransfer
	Bekanntheit	Identifizierung	Ansprache	Selektion	Bindung	
Absolventenmessen	++	-	++	o	-	-
Praktika	++	+	++	++	++	o
Fachvorträge	++	o	++	-	-	+
Abschlussarbeiten	++	+	++	++	+	+
Schenkungen	++	o	++	-	-	++

Sie zieht dann jeweils ein **Fazit** in Bezug auf die Effizienz einzelner Maßnahmen für unterschiedlich große Unternehmen.

Mit dieser **Präsentation und Aufbereitung ihrer Ergebnisse** hat sie an dieser Stelle bereits ihre Fragestellung anhand der eigenen Untersuchung beantwortet. Da es jedoch zwei Studien gibt, die zumindest einzelne der von ihr untersuchten Maßnahmen ebenfalls hinsichtlich ihrer Effizienz zur Erreichung bestimmter Ziele analysiert haben (deren Ergebnisse hatte sie im Theorieteil bereits vorgestellt), vergleicht sie nun ihre Ergebnisse mit denen der Studien. Da zwei Ergebnisse voneinander abweichen, diskutiert sie mögliche Gründe für die Abweichungen. Das Kapitel abschließend resümiert sie, inwiefern ihre Untersuchung neue Perspektiven auf den Untersuchungsgegenstand hervorgebracht hat.

Das **Schlusskapitel** ihrer Arbeit ist aufgrund der Länge des Kapitels zur Präsentation und Diskussion der Ergebnisse sehr kurz: Auf einer halben Seite fasst sie ihre Ergebnisse als Implikationen für die untersuchten Unternehmen zusammen.

Tipp

>> Auch hier gilt wieder: Schauen Sie sich als detailliertes Beispiel das entsprechende Kapitel in einem Artikel aus einer Fachzeitschrift an.

9.9 Den Schluss schreiben

Das letzte Kapitel der Arbeit hat die **Funktion**, die Arbeit abzuschließen. Deshalb darf es meist keine neuen quellenbasierten Informationen liefern, oft auch gar nichts Neues. Weil das Schlusskapitel nicht so stark normiert ist wie die Einleitung, haben Sie größeren Spielraum bei der Wahl der Aspekte, die Sie darin bearbeiten möchten. Lediglich eine Antwort auf Ihre Fragestellung müssen Sie unbedingt geben.

Wie bereits in Kapitel 2.3 verdeutlicht, ist es sinnvoll, beim Schreiben des Schlusskapitels die Einleitung zur Hand zu nehmen: Beide bilden den Rahmen für die Arbeit und dürfen sich indirekt aufeinander beziehen. Wenn Sie also beispielsweise als ersten Satz der Einleitung geschrieben haben „Thema dieser Arbeit ist …“, kann der erste Satz des Schlusskapitels lauten „Thema dieser Arbeit war …“.

Tipp

>> Lesen Sie die gesamte Arbeit noch einmal durch, bevor Sie das Fazit schreiben. Achten Sie beim Lesen darauf, welche Teilergebnisse Sie für besonders wichtig erachten.

Das Schlusskapitel kann erst geschrieben werden, wenn der Hauptteil der Arbeit fertig ist. Dennoch kommt es oft vor, dass man beim Schreiben des Hauptteils schon eine Idee hat, was im Fazit stehen sollte, z. B. ein zentrales Ergebnis aus einem Kapitel. Solche Ideen sollten Sie natürlich unter der Überschrift des Schlusskapitels notieren, damit Sie später darauf zurückgreifen können.

Für die **Länge des Schlusskapitels** gilt dieselbe Faustregel wie für die Einleitung: Es kann fünf bis max. zehn Prozent der Gesamtlänge der Arbeit umfassen, ist aber auch bei sehr umfangreichen Arbeiten meist nicht länger als vier Seiten. Allerdings ist es sinnvoll, das Schlusskapitel kürzer zu halten, wenn ein Kapitel zu den Ergebnissen vorangestellt wurde oder ein Zwischenfazit gezogen wurde.

Es ist eher **unüblich, das Schlusskapitel zu untergliedern**. Lediglich wenn Sie einen Ausblick geben und wenn das Fazit länger als drei Seiten ist, wird gelegentlich in die beiden Unterkapitel „Schluss"/„Fazit" und „Ausblick" untergliedert.

Für die Inhalte und die **Betitelung des Schlusskapitels** gilt wie sonst auch, dass Sie sich an die Vorgaben der Lehrperson halten müssen. Sollten Sie keine Vorgaben haben, können Sie sich am unten stehenden Normalaufbau eines Schlusskapitels orientieren. In dem Fall hieße Ihr Schlusskapitel z. B. „Fazit und Ausblick". Gelegentlich werden aber auch für das Schlusskapitel Titel erwartet, die den Inhalt aufgreifen („Erfolgsfaktoren von Mikrokrediten im Überblick").

Wie in der Einleitung gibt es auch hier die **zwei Formen der sprachlichen Darstellung**: eine, die nur die Inhalte behandelt, und eine, die die Argumentationsstruktur explizit hervorhebt. Generell gilt, dass Ausführungen über die Herangehensweise im Fazit entweder im Präsens, im Perfekt oder im Präteritum formuliert werden („Thema dieser Arbeit war", „In dieser Arbeit zeigte sich ..."). Wählen Sie das Präteritum, wenn Sie keine Vorlieben oder Vorgaben haben. Aussagen über Ergebnisse stehen natürlich im Präsens, da sie noch immer Gültigkeit besitzen: *„Es zeigte sich, dass die Prinzipal-Agent-Theorie eine geeignete Theorie ist, um die Informationsasymmetrien zwischen Versicherer und Versichertem zu analysieren."*

Die Anforderungen an die **Inhalte des letzten Kapitels** einer wissenschaftlichen Arbeit variieren wiederum stark, je nach Lehrstuhl, an dem Sie schreiben, und je nachdem, ob Sie eine Seminararbeit oder eine Examensarbeit schreiben.

Mögliche Inhalte des Schlusskapitels sind:

- Fazit
- Einordnung der Ergebnisse in den wissenschaftlichen Diskurs
- Resümee
- Kritische Würdigung des eigenen Vorgehens
- Gültigkeit und Repräsentativität der Ergebnisse
- Ausblick

Immer gewünscht ist lediglich, dass Sie **ein Fazit ziehen**, indem Sie die Antwort auf die in der Einleitung gestellte Frage bzw. das Ergebnis der Diskussion Ihrer Hypothese (evtl. samt der wichtigsten Pro- und Contra-Argumente) darstellen. Dafür können Sie zunächst noch einmal Ziel und/oder Thema der Arbeit benennen.

Mögliche Formulierungen für das Fazit

- In dieser Arbeit zeigte sich/wurde deutlich, dass ...
- Abschließend lässt sich festhalten ...

Oft ist gewünscht, dass Sie **Ihre Ergebnisse in den wissenschaftlichen Diskurs einordnen**, indem Sie zeigen, wie sich Ihre Ergebnisse zu den Ergebnissen der Forschungsliteratur verhalten. Stellen Sie dafür dar, ob Sie zu den gleichen, leicht abweichenden oder völlig anderen Ergebnissen gekommen sind. Falls Sie abweichende Ergebnisse haben, sollten Sie auch darstellen, welche Gründe es dafür geben kann.

Mögliche Formulierungen für die Einordnung der Ergebnisse in den wissenschaftlichen Diskurs

- Die Ergebnisse dieser Arbeit entsprechen .../ergänzen/weichen von ... ab.
- Mit dieser Arbeit konnte ... belegt/ergänzt/geprüft ... werden.

Darüber hinaus ist es vor allem in der BWL verbreitet, die Argumentation aus dem Hauptteil im Schlusskapitel in einem **Resümee** zusammenzufassen. Ein häufiger Fehler besteht darin, dass die Kapitel ausführlich, beispielsweise Absatz für Absatz, zusammengefasst werden. Sinnvoller ist hingegen, in dieser Zusammenfassung nur das aufzuführen, was jedes Kapitel zur Beantwortung der Fragestellung oder zur Diskussion der Hypothese beigetragen hat. Ein schönes Beispiel dafür finden Sie im Beispiel-Fazit am Ende dieses Unterkapitels.

Mögliche Formulierungen für das Resümee

- Im zweiten Kapitel dieser Arbeit wurden … (die Modelle vorgestellt, anhand derer im dritten Kapitel …)
- Dabei zeigte sich, dass vor allem …

Wenn Sie keine klassische Literaturarbeit geschrieben haben und dem Schlusskapitel kein Ergebniskapitel vorangestellt haben, ist es sinnvoll, im Schlusskapitel **die eigene Methode kritisch zu würdigen**. Gerade bei empirischen oder analytischen Arbeiten kann es beispielsweise vorkommen, dass Sie im Laufe des Arbeitsprozesses feststellen, dass ein leicht verändertes Vorgehen bessere Ergebnisse geliefert hätte. Wenn Sie daraufhin Ihre Datenerhebung nicht anpassen, sollten Sie im letzten Kapitel der Arbeit auf diese Probleme eingehen. Auch wenn Sie die Fragestellung Ihrer Arbeit nur unzureichend beantworten konnten, sollten Sie mögliche Gründe dafür hier anführen. Es ist kein Manko einer Arbeit, wenn Sie eigene Fehler hervorheben bzw. Verbesserungsmöglichkeiten aufzeigen, sondern ein Qualitätsmerkmal – vor allem wenn der Leser die beschriebenen Fehler oder Verbesserungsmöglichkeiten bemerken würde. Wenn Sie methodisch gewagt vorgegangen sind, kann zu einer kritischen Würdigung selbstverständlich auch der Befund gehören, dass das gewählte Vorgehen gut geeignet war, um die geplanten Ergebnisse zu erzielen.

Mögliche Formulierungen für die kritische Würdigung des eigenen Vorgehens

- Im Rahmen (der Datenerhebung) zeigte sich, dass bei (der Konzeption des Fragebogens) (zwei Aspekte) nicht ausreichend berücksichtigt wurden …
- Das Ergebnis dieser Arbeit ist nicht aussagekräftig. Eine mögliche Ursache dafür ist …

Oft wird erwartet, dass Sie den Leser darüber informieren, inwiefern Sie Ihre **Ergebnisse für gültig und übertragbar** halten. Wenn Sie beispielsweise einen Gegenstand mithilfe einer Theorie untersucht haben, interessiert den Leser, ob Sie Ihre Ergebnisse bei Verwendung einer anderen Theorie als haltbar einschätzen. Wenn Sie einen Gegenstand anhand eines Beispiels untersucht haben, interessiert den Leser, ob Ihre Ergebnisse vollständig auf den Gegenstand übertragbar sind oder sich beispielsweise im Rahmen der Arbeit herausgestellt hat, dass das Beispiel den Gegenstand nur eingeschränkt repräsentiert.

Mögliche Formulierungen für die Beschreibung der Gültigkeit und Repräsentativität der Ergebnisse

- Die Ergebnisse dieser Arbeit sind nur eingeschränkt gültig: So ...
- Im Rahmen der Analyse wurde deutlich, dass das Beispiel in Hinsicht auf ... keinen modellhaften Charakter aufweist. Die Ergebnisse dieser Arbeit gelten daher nur für Betriebe, die ...

Vor allem bei längeren und bei prüfungsrelevanten Arbeiten ist es üblich, in einem **Ausblick** zu beschreiben, welche weitergehenden Fragen und welche Anwendungsmöglichkeiten sich aus den Ergebnissen Ihrer Arbeit ergeben. Der Ausblick ist in der Regel der letzte Teil des Schlusskapitels.

Mögliche Formulierungen für den Ausblick

- In weiteren Untersuchungen zum Thema ... gilt es, ...
- Anknüpfend an die Ergebnisse dieser Arbeit stellt sich vor allem die Frage, ...

Im folgenden sehen Sie ein von uns kommentiertes Beispiel für ein Fazit, das aus einer mit „sehr gut“ benoteten Arbeit stammt

In dieser Arbeit wurde untersucht, wie sich die Einführung eines Mindestlohns auf die Beschäftigungszahlen auswirken würde.	Der Autor benennt zu Beginn das Ziel der Arbeit. Dadurch verdeutlicht er dem Leser, welche Inhalte im Fazit behandelt werden, und er knüpft direkt an die Einleitung an.
Im Rahmen des Theorieteils konnte umfassend gezeigt werden, dass ein Mindestlohn überall dort zu signifikanten negativen Beschäftigungswirkungen führt, wo er eine erhebliche Bindungswirkung entfaltet. Theoretische Modelle zeigen negative Beschäftigungswirkungen, sobald der Mindestlohn den üblichen Marktlohn übersteigt. Zwar gibt es eine theoretische Ausnahme, unter der auch für moderate Mindestlöhne positive Beschäftigungseffekte möglich sind, doch bildet dieses Monopson-Modell nicht den gesamten Arbeitsmarkt in Deutschland ab. Es ist daher nicht überzeugend, von Beschäftigungszuwachs infolge eines einheitlichen Mindestlohns auszugehen (SVR, 2008, S. 336).	In diesem Absatz fasst der Autor die Ergebnisse seines Theorieteils zusammen. Im letzten Satz des Absatzes formuliert er auf diese Ergebnisse bezogen ein Fazit.
Empirische Ergebnisse konnten diese Einschätzung weitestgehend bestätigen. Eine Mehrheit der Studien weist negative Effekte der Einführung eines Mindestlohns auf die Beschäftigungszahlen nach. So werden bei der Annahme eines Mindestlohnes in Höhe von 7.50 € in verschiedenen Studien für Deutschland Verluste von	Wie zuvor für den Theorieteil fasst der Autor in diesem Absatz die Ergebnisse für den empirischen Teil seiner Arbeit zusammen. Er nennt dafür

260.000-1.200.000 Arbeitsplätzen prognostiziert. Ergebnisse aus Unternehmensbefragungen stützen diese Prognose. Und auch der Vergleich mit Frankreich lässt negative Beschäftigungseffekte durch einen zu hohen Mindestlohn befürchten. Lediglich der Vergleich mit Großbritannien zeigt, dass die Einführung eines Mindestlohns zu keinen nennenswerten Effekten auf die Beschäftigung führen muss, doch erreicht er dort lediglich 2% der Beschäftigten und kann daher keine relevante Bindungswirkung entfalten.

sowohl stützende Argumente als auch ein schwächendes Argument, dessen Geltung er jedoch einschränkt. Indem er das Fazit aus seinem empirischen Teil im ersten Satz nennt, informiert er den Leser gleich zu Beginn darüber, dass alle Ergebnisse seiner Arbeit in dieselbe Richtung weisen.

Für die Einführung eines Mindestlohns von 7,50 € in Deutschland ist daher mit erheblichen negativen Beschäftigungsfolgen zu rechnen, die vor allem Ostdeutschland wegen der dortigen niedrigeren Durchschnittslöhne überproportional stark betreffen würden. Für die Abwägung, ob ein gesetzlicher Mindestlohn in der Bundesrepublik einzuführen ist, sollte der Gesetzgeber die hier nachgewiesenen negativen Beschäftigungswirkungen berücksichtigen.

Hier zieht der Autor ein Fazit für seine gesamte Arbeit. Im letzten Satz weist er auf eine politische Implikation seines Ergebnisses hin. Damit formuliert er einen eher kurzen, aber in diesem Kontext sinnvollen Ausblick.

Abb. 27: Kommentiertes Fazit

9.10 Formeln, Tabellen und Abbildungen integrieren

Während der Gebrauch von Formeln in vielen Arbeiten unumgänglich ist, ist es Ihnen meist freigestellt, ob oder wie viele Tabellen und Abbildungen Sie in Ihre Arbeit einfügen. Es ist immer dann sinnvoll, Tabellen und Abbildungen zu nutzen, wenn Sie komplizierte Sachverhalte darstellen, deren Beschreibung im Fließtext wesentlich mehr Raum einnehmen würde als unter Bezugnahme auf eine Tabelle oder Abbildung. Die Tabelle oder Abbildung dient also dazu, den Gegenstand zu vereinfachen, darf ihn aber in keinem Fall verfälschen.

Obwohl Sie Tabellen oder Abbildungen stets im Text erläutern sollten, müssen sie aus sich heraus verständlich sein. Sie müssen dementsprechend sämtliche Informationen beinhalten, die zu ihrem Verständnis erforderlich sind. Insofern müssen Abkürzungen oder Symbole in direkter Nähe zur Abbildung oder Tabelle erklärt werden, zum Beispiel in der letzten Zeile einer Tabelle oder in einer freien Fläche innerhalb der Abbildung.

Tipp

>> Bitten Sie Kommilitonen, Ihnen Ihre Abbildung oder Tabelle zu erläutern, wenn Sie unsicher sind, ob sie den Gegenstand vereinfachend aber korrekt wiedergibt.

Tabellen und Abbildungen müssen im Text beschrieben, erklärt und/oder kommentiert werden. Um sie zu beschreiben, können Sie beispielsweise solche Formulierungen nutzen:

Mögliche Formulierungen zur Beschreibung von Tabellen und Abbildungen

- Diese Abbildung/Tabelle zeigt/informiert über/bildet xy ab/verdeutlicht/...
- In der folgenden Tabelle/Abbildung werden ...

Auch wenn Sie davon ausgehen, die Funktion der Tabelle oder Abbildung für Ihre Arbeit sei offensichtlich, sollten Sie sie nach der Beschreibung erläutern. Dafür können Sie solche Formulierungen nutzen:

Mögliche Formulierungen zur Erläuterung der Funktion von Tabellen und Abbildungen in der eigenen Argumentation

- Anhand dieser Tabelle/Abbildung wird deutlich ...
- Wie anhand dieser Tabelle/Abbildung deutlich wird ...

Tipp

Erstellen Sie Abbildungen und vor allem Tabellen nach Möglichkeit eigenständig: Sie aus einer Quelle zu übernehmen, wird negativ bewertet und führt in der Regel zu Notenabzug.

Wenn Sie dennoch Abbildungen aus Quellen übernehmen, ist es wichtig, dass Sie die bestmögliche Bildqualität erzielen. Sie dürfen also keinesfalls Abbildungen ausschneiden und auf ein Blatt der Arbeit kopieren, schließlich müssen wissenschaftliche Arbeiten immer häufiger auch als Digitalversion eingereicht werden.

Wenn Sie Abbildungen und Tabellen nicht aus Quellen übernehmen, sich aber bei der Gestaltung an bestimmten Abbildungen orientieren, muss Ihre Quellenangabe beispielsweise mit „In Anlehnung an ..." beginnen. Wenn Sie sie frei erstellen, sollten Sie sie als „eigene Darstellung" markieren.

Wenn Sie eigenständig Formeln erstellen, können Sie der DIN-Norm 1302 die allgemeinen mathematischen Zeichen und Begriffe entnehmen, der DIN-Norm 1304 die Formelzeichen und der DIN-Norm 1338 den Formelsatz. Generell gilt, dass Grenzen, Exponenten und Indizes kleiner gesetzt werden als andere Formelzeichen, in Word oder LaTeX sind 3 pt Unterschied gebräuchlich. Viele Studierende schreiben auch Zähler und Nenner kleiner, das ist jedoch der DIN-Norm zufolge falsch. Griechische und lateinische Buchstaben werden (bis auf definierte Funktionsnamen) kursiv geschrieben, andere Formelzeichen in recte (also aufrecht).

Was Sie sonst noch berücksichtigen müssen:

- Formeln, Tabellen und Abbildungen müssen jeweils fortlaufend nummeriert werden, damit Sie im Text und im entsprechenden Verzeichnis eindeutig auf sie verweisen können.
- Formeln, Tabellen und Abbildungen werden in den Anhang gestellt, wenn sie nur in Auszügen für den Hauptteil relevant sind. Wenn Sie also beispielsweise für Ihre Argumentation nur einen Wert aus einer Unternehmensstatistik nutzen, können Sie die Statistik in den Anhang stellen und an der entsprechenden Stelle im Fließtext beispielsweise mit dem Hinweis „(vgl. dazu Anhang 1)" darauf verweisen.
- Formeln, Tabellen und Abbildungen müssen gut lesbar und ordentlich sein. Verzichten Sie deshalb nach Möglichkeit auf farbige Hintergründe sowie Schriften und verwenden Sie maximal vier unterschiedliche Graustufen.
- Tabellen und Abbildungen sollten jeweils einheitlich gestaltet sein: Achten Sie deshalb beispielsweise auf dieselben Schriftgrößen, einheitliche Rahmengestaltung und einen möglichst vergleichbaren Aufbau.
- Tabellen und Abbildungen werden in einer Überschrift oder einer Unterzeile betitelt.
- Die Überschrift oder Unterzeile der Tabelle oder Abbildung muss im jeweiligen Verzeichnis zeichengetreu übernommen werden.
- Bezeichnen Sie Zeilen und Spalten in Tabellen eindeutig und verständlich, beispielsweise indem Sie auf Abkürzungen verzichten oder sie in direkter Nähe zur Tabelle erläutern, damit der Leser nicht vor- oder zurückblättern muss.
- Geben Sie ggf. Nachkommastellen einheitlich an und stellen Sie Kommata untereinander, wenn eine Tabelle einen Vergleich von Zahlen ermöglichen soll.

10 Den Text überarbeiten

10.1 Worauf der Prüfer achtet – gängige Fehler vermeiden
10.2 Tipps und Tricks
10.3 Inhalt
10.4 Sprache

Je besser es Ihnen gelingt, Ihre Gedanken in einer Rohfassung zu formulieren, desto schneller dürften Sie den Text Ihrer Arbeit fertig gestellt haben. Sie benötigen dann jedoch Zeit, um den Text sorgfältig zu überarbeiten. Doch auch wenn Sie beim Schreiben des Textes bereits viel Zeit in präzise Formulierungen investiert haben, sollten Sie den Text vor der Abgabe überarbeiten. Damit Sie dies zielgerichtet angehen können, geben wir Ihnen in Unterkapitel 10.1 einen Überblick über die gängigsten Benotungskriterien anhand eines Beurteilungsbogens für wissenschaftliche Arbeiten. Im Anschluss an einige Tipps zur Überarbeitung (10.2) stellen wir Ihnen die wichtigsten Überarbeitungsgesichtspunkte in Bezug auf den Inhalt (Kap. 10.3) sowie die Sprache und den Stil (Kap. 10.4) einer wissenschaftlichen Arbeit vor. Um aus der Vielzahl der genannten Überarbeitungsgesichtspunkte die auszuwählen, die für Ihren Text besonders wichtig sind, sollten Sie ggf. Ihre Erfahrungen mit wissenschaftlichen Arbeiten berücksichtigen, d. h. gezielt überlegen, welche Aspekte bereits an Ihren Texten kritisiert oder gelobt wurden.

Lektüreempfehlung

Wenn Sie nur noch wenig Zeit bis zur Abgabe Ihrer Arbeit haben, sollten Sie anhand der Auflistung häufiger Fehler am Ende von Unterkapitel 10.1 prüfen, in welchen Bereichen Sie Ihren Text gezielt verbessern können. Konkrete Anregungen für Ihre Überarbeitung erhalten Sie in den Unterkapiteln 10.2 bis 10.4. Falls Sie vor der Abgabe Ihrer Arbeit noch die Möglichkeit haben, sollten Sie diese Kapitel sorgfältig lesen und den dort beschiebenen Hinweisen folgen: Wie sorgfältig Sie Ihren Text überarbeiten, beeinflusst oft erheblich die Note.

10.1 Worauf der Prüfer achtet – gängige Fehler vermeiden

Wie angesprochen unterscheiden sich Prüfer darin, welche Beurteilungskriterien sie an einen Text anlegen. Damit Sie einen Überblick darüber gewinnen, nach welchen Kriterien Ihr Text möglicherweise beurteilt wird, stellen wir Ihnen im Folgenden einen vergleichsweise detaillierten Beurteilungsbogen vor, der an der Ruhr-Universität Bochum eingesetzt wird.

Bereich 1: Struktur der Arbeit

In der Einleitung wurden alle relevanten Aspekte bearbeitet (Relevanz des Themas, Ziel der Arbeit/Fragestellung, Themeneingrenzung, ggf. besondere Untersuchungsmethodik, Begründung des Aufbaus der Arbeit).	
Im Fazit wurden alle relevanten Aspekte bearbeitet (Beantwortung der Fragestellung, Zusammenfassung der zentralen Ergebnisse, Ausblick).	
Alle Teile der Arbeit sind vorhanden (Deckblatt, Inhaltsverzeichnis, ggf. Tabellen-, Abbildungs-, Abkürzungs- und Symbolverzeichnis, Textteil, Literaturverzeichnis, ggf. Anhang, Versicherung).	
Die einzelnen Kapitel leisten einen sichtbaren Beitrag zur Beantwortung der Fragestellung des Themas.	
Titel, Fragestellung und Aufbau der Arbeit sind deutlich aufeinander ausgerichtet.	
Die Gliederung ist formal korrekt.	
Absätze wurden sinnvoll gebildet	

Bereich 2: Sprachliche Gestaltung der Arbeit

Es wurde – wo nötig – Fachsprache benutzt.	
Es wurde keine Umgangssprache benutzt.	
Der Text ist präzise formuliert.	
Die Sätze sind übersichtlich.	
Bezüge sind an jeder Stelle klar ersichtlich.	

Bereich 3: Umgang mit Quellen

Es wurde eine angemessene Menge an Quellen verwendet.	
Es wurden relevante und aktuelle Quellen verwendet.	
Jede Aussage ist belegt.	
Jede Wertung ist begründet.	
Die Quellen wurden angemessen kombiniert.	
Die Quellen wurden angemessen eigenständig wiedergegeben.	

Bereich 4: Korrektheit

Die Rechtschreibung ist korrekt.	
Die Zeichensetzung ist korrekt.	
Die Grammatik ist korrekt.	
Die Formatierung ist einheitlich und entspricht den Vorgaben für – Deckblatt – Inhaltsverzeichnis – Tabellenverzeichnis – Abbildungsverzeichnis – Abkürzungs- und Symbolverzeichnis – Textteil – Literaturverzeichnis – ggf. Anhang	

Bereich 5: Zur Bearbeitung des Themas

Das Thema wurde angemessen eingegrenzt.	
Die zentralen Aspekte des Themas wurden behandelt.	
Es wurden keine irrelevanten Aspekte dargestellt.	
Die Argumentation ist nachvollziehbar.	
Die Argumentation ist schlüssig.	

In den einzelnen Bereichen, die mit diesem Beurteilungsbogen abgedeckt werden, sind einige Fehler besonders häufig:

Häufige Fehler in Bereich 1

- Das Thema der Arbeit wurde nicht ausreichend eingegrenzt.
- Kapitel dienen nicht direkt der Bearbeitung des Themas, sondern liefern verzichtbare Hintergrundinformationen.
- Der Aufbau der Arbeit ist nicht hinreichend auf das Thema ausgerichtet.
- Die Einleitung ist unvollständig; es werden zu viele Zielsetzungen für die Arbeit benannt; es wird keine klare Zielsetzung für die Arbeit benannt; der Aufbau der Arbeit wird lediglich beschrieben, so dass kein Mehrwert zum Inhaltsverzeichnis besteht.
- Im Fazit werden die einzelnen Kapitel vollständig zusammengefasst, statt lediglich das wiederzugeben, was das jeweilige Kapitel zur Bearbeitung des Themas beigetragen hat.
- Es werden nahezu keine Absätze gebildet oder zu viele, beispielsweise nach einzelnen Sätzen.

Insbesondere die ersten drei Fehler empfinden Prüfer in der Regel als sehr problematisch, weil sie die Qualität der gesamten Arbeit betreffen. Daher führen diese Fehler meist zu einer schlechten Note – auch wenn andere Aspekte der Arbeit sehr gut sind. Die Toleranz für die weiteren drei Fehler und damit auch ihr Einfluss auf die Benotung sind von Prüfer zu Prüfer unterschiedlich.

Häufige Fehler in Bereich 2

- Formeln, Abbildungen und Tabellen werden im Text nicht aufgegriffen.
- Zentrale Begriffe werden variiert.
- Begriffe werden nicht definiert oder alltagssprachlich verwendet.
- Umgangssprache wird verwendet.
- Bezüge sind unklar.
- Vage Begriffe werden verwendet.

Lediglich der erstgenannte Fehler stellt für alle Lehrenden ein Manko der Arbeit dar. Die weiteren Aspekte werden wiederum sehr unterschiedlich in die Benotung mit einbezogen: Manchen Prüfern ist die sprachliche Qualität eines Textes sehr wichtig, für andere wiederum ist sie unwichtig, solang der Text verständlich ist und die Inhalte gut sind.

Häufige Fehler in Bereich 3

- Es ist keine Auseinandersetzung mit der Literatur erkennbar.
- Quellen werden unkritisch ausgewählt und genutzt.
- Argumente aus der Literatur werden ohne erkennbaren roten Faden aneinandergehängt.
- Englische Quellen werden übersetzt ohne die Übersetzung als solche auszuweisen.
- Weil für die Literaturrecherche nur das Internet genutzt wird, fehlen relevante Quellen.
- Es werden Quellen verwendet, die nicht wissenschaftlichen Standards entsprechen.
- Es werden Quellen verwendet, die sich zu allgemein mit dem Thema befassen oder aus anderen Fächern stammen.
- Wörtliche Zitate werden aneinandergereiht.
- Es wird uneinheitlich oder falsch zitiert.

Diesen Bereich empfinden alle Prüfer als sehr wichtig – Fehler werden dementsprechend erheblich in die Benotung mit einbezogen. Sie resultieren meist daraus, dass den Autoren der fehlerhaften Arbeiten unklar ist, was sie in einer wissenschaftlichen Arbeit leisten sollen.

Häufige Fehler in Bereich 4

- Es wird nicht zwischen Bindestrich und Gedankenstrich unterschieden.
- Es steht kein Komma in Relativsätzen.
- Es steht kein Komma bei erweiterten Infinitiven, selbst wenn sie durch ein Wort angekündigt oder aufgegriffen werden.
- Sätze sind nicht vollständig, meist, weil das Prädikat oder das Subjekt fehlt.
- Die Formatierung ist uneinheitlich.
- Es finden sich viele überschüssige Leerzeichen oder fehlende Leerzeichen.
- Nach Fußnoten und Literaturangaben fehlt der Punkt.
- Inhaltsverzeichnis und Text stimmen nicht überein.
- Literaturverzeichnis und im Text genannte Quellen stimmen nicht überein.
- Formeln, Abbildungen und Tabellen werden nicht einheitlich gestaltet.

Diese Fehler finden sich in sehr vielen Arbeiten. Falls sie nicht gehäuft auftreten, wirken sie sich jedoch in der Regel nur gering auf die Note aus. Doch stimmen viele Prüfer darin überein, dass für eine sehr gute Note auch solche Fehler nicht vorkommen dürfen.

Häufige Fehler in Bereich 5

- Modelle und Theorien werden nicht ausreichend für die eigene Arbeit aufbereitet.
- Es wird nicht argumentiert.
- Es fehlen Begründungen für einzelne Aussagen.
- Es fehlen Quellennachweise für einzelne Aussagen.

Fehler in diesem Bereich betreffen wiederum die ganze Arbeit und führen daher in der Regel zu einer schlechten Note. Fehlende Quellennachweise jedoch können zudem bedingen, dass die Arbeit als Plagiat abgewiesen wird.

10.2 Tipps und Tricks

Die Überarbeitung Ihres Textes können Sie als handwerkliche Tätigkeit betrachten, die Zeit und Genauigkeit erfordert, bei der die einzelnen Arbeitsschritte aber nacheinander relativ leicht umsetzbar sind. Selbst professionelle Lektoren finden nicht alle Auffälligkeiten eines Textes bei nur ein oder zwei Lesedurchgängen. Daher empfehlen wir Ihnen für jeden der durch die Unterkapitel bezeichneten Bereiche, den Text mindestens einmal zu lesen und Ihre Aufmerksamkeit auf diesen Aspekt zu fokussieren.

Es ist oft nicht leicht, zum eigenen Text genug Distanz aufzubauen, um ihn mit fremden Augen zu sehen. Daher ist jedes Feedback von Kommilitonen, Freunden oder Familienmitgliedern sinnvoll, solang Sie es gut nutzen können. Versuchen Sie einfach mal, auch eine Rohfassung schon aus der Hand zu geben, dann zum Beispiel mit dem Hinweis, dass Sie nicht an Korrekturen oder stilistischen Anmerkungen interessiert sind, sondern ausschließlich daran, ob die Argumentation nachvollziehbar und überzeugend ist. Am besten lassen Sie sich das Feedback mit der Kommentarfunktion Ihres Textverarbeitungsprogramms geben. Denn diese Funktion markiert zwar die Stelle in Ihrem Text, auf den sich der Kommentar bezieht, aber der Kommentar selbst wird am Rand der Textseite vermerkt, so dass Ihr Text nicht verändert wird. In Word 2010 finden Sie diese Funktion beispielsweise auf der Registerkarte „Überprüfen". Wenn Sie das Feedback auf diese Weise einholen, können Sie in aller Ruhe überlegen, ob und ggf. wie Sie es berücksichtigen können.

Um leichter Distanz zum eigenen Text aufzubauen, empfehlen wir:

- Lassen Sie nach Möglichkeit ein paar Tage zwischen Schreiben und Überarbeiten eines Textabschnitts vergehen!
- Wenn Sie den Text ansonsten am Rechner bearbeiten, drucken Sie ihn für das Überarbeiten aus!
- Verfremden Sie (am besten zusätzlich) das Schriftbild, z. B. durch eine andere Schriftart und -größe!
- Und: Lesen Sie den Text an einem anderen Ort als Ihrem gewöhnlichen Arbeitsplatz!

Zum Überarbeiten ist es sinnvoll, verschiedenfarbige Stifte zur Hand zu haben, damit Sie Auffälligkeiten auf unterschiedlichen Überarbeitungsebenen (wie beispielsweise Stil, roter Faden, präziser Sprachgebrauch, Fachwortgebrauch, ...) entsprechend unterschiedlich markieren können. Im Zweifel können Sie die Arbeit mehrfach ausdrucken, um stets mit einem übersichtlichen und aktuellen Dokument zu arbeiten.

Damit Sie Rechtschreibfragen schnell klären können, empfehlen wir Ihnen die Anschaffung des Rechtschreibdudens. Um zügig Formulierungsalternativen zu finden, sollten Sie darüber hinaus mehrere Synonymlexika besitzen, beispielsweise ebenfalls vom Dudenverlag. Und auch die Anschaffung eines Stillexikons kann für das Überarbeiten des Textes sehr hilfreich sein. Falls Sie jedoch auf diese Anschaffungen verzichten möchten, können Sie für die Rechtschreibkorrektur und die Suche nach Synonymen gut die Internetseite des Dudenverlags nutzen (duden.de/deutsche_sprache/rechtschreibpruefung). Dort können Sie auch längere Textpassagen auf Fehler prüfen. Darüber hinaus gibt es etliche weitere Internetseiten, die für beide Anliegen Hilfe bieten: beispielsweise canoo.net, woerterbuch.info oder woxikon.de. Ausschließlich für die Suche nach Synonymen sind darüber hinaus wie-sagt-man-noch.de oder wortschatz.uni-leipzig.de empfehlenswert.

10.3 Inhalt

Für die Überarbeitung des Inhalts prüfen Sie, ob eine Textpassage ihre Funktion im Gesamtzusammenhang der Argumentation erfüllt, ob im

Text alle zum Verständnis erforderlichen Informationen zur Verfügung gestellt werden und ob keine überflüssigen Informationen vorhanden sind.

Um zu entscheiden, ob eine Textpassage ihre **Funktion im Gesamtzusammenhang der Argumentation** erfüllt, sollten Sie für jeden Abschnitt dieser Passage die Frage beantworten, was er zur Beantwortung der Fragestellung oder Diskussion der Hypothese beiträgt. Falls Sie die Passage wie in Kapitel 9.1 vorgeschlagen geplant haben, können Sie auf Ihre Notizen zur Funktion dieser Passage zurückgreifen und kritisch prüfen, wie sie diese Funktionen erfüllt. Falls Sie zu dem Schluss kommen, dass die Passage die Funktion möglicherweise nicht transparent genug erfüllt, sollten Sie die Funktion der Passage im Text explizit benennen. Falls Sie zu dem Schluss kommen, dass eine Passage keine wichtige Funktion für Ihre Argumentation hat, können Sie sie stark kürzen und evtl. in eine Fußnote stellen, falls der Prüfer dies nicht generell ablehnt. Falls Sie jedoch zu dem Schluss kommen, dass die entsprechende Passage keine direkte Funktion für Ihre Argumentation hat, sollten Sie erwägen, sie zu streichen.

Ein Indiz für die Prüfung, ob **alle für Ihren Text erforderlichen Informationen** vorhanden sind, bietet Ihr Schreibplan, weil Sie dort von der Sache her geplant haben, welche Informationen für die Textpassage erforderlich sind. Falls Sie also Informationen aus dem Schreibplan nicht umgesetzt haben, sollten Sie prüfen, ob sie tatsächlich verzichtbar waren. Sie können auch die entsprechenden Quellen noch einmal überfliegen, um zu prüfen, ob Sie die wichtigsten Informationen daraus verarbeitet haben. Lesen Sie anschließend die Passage selbst so kritisch wie möglich durch: Liefert der Text wirklich alle für sein Verständnis erforderlichen Informationen? Falls es Ihnen schwer fällt, dies zu beurteilen, können Sie sich diesbezüglich Feedback holen. Lassen Sie sich beispielsweise von einem Leser Ihres Textes erzählen, wovon der Text handelt. Wenn ihm dies gelingt, liefert der Text die zum Verständnis erforderlichen Informationen.

Um zu prüfen, ob **keine überflüssigen Informationen im Text** stehen, können Sie überlegen, was jede Information zur Bearbeitung der Fragestellung beiträgt. Wenn Ihre Antwort „nichts“ ist, sollten Sie sie streichen. Wenn Ihre Antwort „wenig“ ist, können Sie die entsprechende Information möglicherweise in eine Fußnote stellen.

In Bezug auf einen Theorieteil ist ein Indiz für überflüssige Informationen, dass Sie dort etwas schildern, auf das Sie an späterer Stelle der

Arbeit nicht zurückgreifen. Falls Sie Informationen finden, für die das gilt, sollten Sie noch einmal deren Funktion für Ihre Argumentation prüfen (s. o.).

Auch können Sie gezielt nach Aussagen suchen, die Ihnen beim Schreiben sinnvoll erschienen, aber einem Leser keine aussagekräftigen Informationen liefern. Solche informationsleeren Aussagen sollten Sie entweder streichen oder um die fehlenden Informationen ergänzen. Beispiele für informationsleere Aussagen sind:

- *Die Gründe dafür lassen sich erahnen ...* [Sie werden im Folgenden nicht genannt.]
- *Diese Seminararbeit beschäftigt sich mit der Fragestellung, welche Auswirkungen ein Wechsel des Kostenteilungsregimes hat. In diesem Zusammenhang spielen die empirischen Befunde eine wichtige Rolle. Es existieren zwei Kostenteilungsregeln, ...* [Auch die Studien werden im Folgenden nicht genannt.]
- *Aufgrund der beschränkten Möglichkeiten, die im Rahmen dieser Arbeit gegeben sind, wird auf einige Aspekte nur hingewiesen ohne sie zu erläutern.* [Es wird weder näher ausgeführt, auf welche Aspekte „nur hingewiesen wird“, noch – und das ist wichtiger – nach welchen Kriterien entschieden wurde, welche Aspekte nicht erläutert werden.]
- *Es soll ein Überblick über das Thema Finanzplanung gegeben werden. Das gesamte Thema wird beleuchtet, nicht nur einzelne Aspekte.* [Auch ohne den unterstrichenen Hinweis würde ein Leser genau das erwarten. Daher ist der Hinweis nicht nur überflüssig, sondern auch irritierend.]

10.4 Sprache

Die Sprache in wissenschaftlichen Arbeiten muss präzise und unmissverständlich sein. Im Folgenden stellen wir Ihnen die diesbezüglich häufigsten Fehler in einer Übersicht vor und beschreiben knapp, wie Sie sie vermeiden können. Eine ausführliche Darstellung dazu, wie Sie wissenschaftlich korrekt formulieren, erhalten Sie in Esselborn-Krumbiegel (2010).

Fehler	Beispiel	Maßnahme
Unklare Bezüge	„Durch Fehlmengen entstehende Kosten sind überwiegend schwer zu ermitteln, da sie aus diversen Komponenten bestehen: Diese sind teilweise leicht zu beziffern ..." („Diese" kann sich auf die Komponenten oder die Kosten beziehen.)	Stellen Sie den Satz um oder wiederholen Sie das ersetzte Wort.
Überflüssige Wörter	„gar keine Erträge" „wie ja auch Coase schon feststellte" „nun wohl doch relevant"	Lesen Sie den Satz ohne das evtl. überflüssige Wort laut vor, falls er noch immer den gewünschten Sinn ergibt, streichen Sie das Wort.
Vage Begriffe ohne Erläuterung	„eigentlich unwirtschaftlich" „irgendwie wettbewerbsorientiert" „scheinbar interessant"	Streichen Sie das Wort oder erläutern Sie, warum Sie es durch das vage Wort abschwächen.
Umgangssprache	„gucken" (besser: „sehen") „kriegen" (besser: „erhalten", „bekommen") „brauchen" (besser: „benötigen")	Ersetzen Sie Begriffe, die beispielsweise im Duden mit dem Kürzel „ugs." gekennzeichnet sind.
(Manche) Metaphern	„Korruption begleitet die Menschheit bereits, seit sie in ihren Kinderschuhen steckte" „Service muss groß geschrieben werden"	Prüfen Sie kritisch, ob die Aussage zutrifft. Streichen Sie die Metapher im Zweifel, es sei denn, sie gehört zur Fachsprache („Blase platzen")
Variation zentraler Begriffe	„Die ...-Theorie ... Dieses Modell ... Dieser Ansatz ...	Benutzen Sie für die gleiche Sache durchgängig das gleiche Wort, wenn Sie es nicht eindeutig durch ein Pronomen ersetzen können.

Möglicherweise haben Sie in den Sprechstunden mit Ihrem Betreuer geklärt, ob Sie **das Wort „ich" oder alternative Formulierungen** in Ihrer Arbeit nutzen sollen. Falls Sie das nicht getan haben, sollten Sie auf die Wörter „ich", „man", „wir" oder „der Verfasser/Autor dieser Arbeit" verzichten. Nutzen Sie die Suchen-Funktion Ihrer Textverarbeitung, um diese Wörter zu finden. Überführen Sie Sätze ins Passiv, in denen Sie diese Formulierungen finden, beispielsweise *Der Verfasser dieser Arbeit zeigt/Ich zeige/Wir zeigen/Man wird im Folgenden sehen ...* zu *Im Folgenden wird gezeigt,...*

Weil in den Wirtschaftswissenschaften Informationen möglichst effizient vermittelt werden sollen, ist die **Beidnennung der Geschlechter** unüblich. Das bedeutet nicht, dass Sie zwangsläufig darauf verzichten müssen: Doch sollten Sie dabei Ihren Wunsch und die potenzielle Haltung Ihres Prüfers abwägen – viele halten die Beidnennung für überflüssig und empfinden sie entsprechend als lästig. Falls Sie sich gegen eine Beidnennung entscheiden, können Sie in der Einleitung (dort evtl. in einer Fußnote) darauf hinweisen, dass Sie sich bewusst für das generische Maskulinum entschieden haben. Das könnte beispielsweise mit einer solchen Formulierung erfolgen: *Aus Gründen leichterer Lesbarkeit wird in dieser Arbeit auf die Beidnennung der Geschlechter verzichtet. Selbstverständlich sind jedoch beide Geschlechter gemeint.*

Tipps für einen Stil, der auf Verständlichkeit zielt

- Streichen Sie unnötige Wortbestandteile: z. B. ~~Einzel~~individuum, ~~Grund~~konzept, ~~Rück~~antwort, ~~ab~~sinken, ~~ab~~klären, Verzicht~~leistung~~, Begriff~~lichkeit~~.
- Vermeiden Sie den Gebrauch von Floskeln: Nutzen Sie beispielsweise besser „beweisen“ als „unter Beweis stellen“ oder „anwenden“ als „zur Anwendung bringen“.
- Vermeiden Sie
  - lange Sätze und unübersichtliche Satzgefüge,
  - unnötige Fremdwörter (d. h. nicht, dass Sie Fachbegriffe nicht nutzen sollen),
  - (wenn möglich) Passivkonstruktionen – sie lassen immer offen, wer etwas macht/sagt etc.,
  - lange Wortzusammensetzungen (*Nichtregierungsorganisationentagung),
  - sperrige Substantivierungen (*„Das Zustandekommen des Treffens zur Antragsbeschlussfassung in Sachen Marketing“).

11 Die Arbeit präsentieren

Bestandteil vieler Seminar- und Abschlussarbeiten ist ein abschließender Vortrag mit einer Präsentation der zentralen Ergebnisse der Arbeit. Für viele Studierende ist dies eine ungewohnte Situation. Wir möchten Ihnen in diesem Kapitel einige grundsätzliche Hinweise geben, wie Sie Ihren Vortrag aufbauen können und welche Fehler Sie bei Ihrer Präsentation vermeiden sollten.

Aufbau Ihres Vortrags:

1. Beginnen Sie mit einer Titelfolie, die den Titel des Vortrags, Ihren Namen und das Datum des Vortrags enthält.
2. Legen Sie eine Gliederungsfolie an, die den Aufbau der Präsentation abbildet.
3. Einleitung: Erläuterung der Fragestellung und Begründung, warum die Fragestellung untersucht wird.
4. Einordnung der Fragestellung in den Literaturkontext: Was wurde bisher gemacht? Welche Ergebnisse gibt es in der Literatur?
5. Methodisches Vorgehen: Welche Methoden werden zur Untersuchung der Fragestellung verwendet?
6. Ergebnisse: Präsentation und Interpretation der erarbeiteten Ergebnisse. Diskussion der Ergebnisse und Vergleiche zu ähnlichen Untersuchungen in der Literatur.
7. Fazit: Kurze Zusammenfassung der zentralen Ergebnisse und Beantwortung der Fragestellung.

Tipps für die Präsentation:

- Verwenden Sie Bullet-Points zur Strukturierung des Textes auf Ihren Folien.
- Schreiben Sie wenn möglich keine ganzen Sätze, sondern Stichpunkte oder Teilsätze.
- Achten Sie darauf, dass Ihre Folien nicht überfüllt wirken. Erstellen Sie besser eine zusätzliche Folie. Als grobe Faustregel gilt: nicht mehr als vier bis sechs Bullet-Points pro Folie.
- Verwenden Sie eine ausreichende Schriftgröße (mindestens 14 pt) und eine gut lesbare Schriftart, d. h. eine serifenlose Schrift (z. B. Arial).
- Heben Sie wichtige Punkte/Stichwörter durch Fettdruck hervor. Beschränken Sie sich jedoch auf wenige Hervorhebungen.

- Halten Sie Ihre Folien schlicht, d. h. verwenden Sie kein aufwändiges Layout und vermeiden Sie unnötige Effekte oder Animationen. Ein weißer Hintergrund mit schwarzer Schrift, einer Folienüberschrift und der Foliennummer ist ausreichend. Als Hilfe können Sie sich vielleicht an den Veranstaltungsfolien Ihres Prüfers orientieren.
- Gestalten Sie Ihre Folien konsistent, d. h. wechseln Sie nicht zwischendurch das Layout oder die Schriftart.
- Tabellen und Abbildungen, wie Sie sie in Ihrer Arbeit verwendet haben, sind selbstverständlich auch in Ihrer Präsentation erlaubt. Achten Sie jedoch darauf, dass alle Tabellen und Abbildungen gut lesbar sind. Ansonsten verlieren sie ihren Sinn. Evtl. müssen Sie neue, verkürzte Tabellen und Abbildungen mit den zentralen Punkten erstellen.
- Eine grobe Faustregel besagt, dass man pro Folie ca. ein bis zwei Minuten Zeit zur Vorstellung einplanen muss. Passen Sie Ihre Präsentation entsprechend Ihrer Zeitvorgabe an und versuchen Sie, sich daran zu halten.
- Sprechen Sie bei Ihrem Vortrag zu Ihren Zuhörern gewandt.
- Lesen Sie Ihre Folien nicht vor, sondern versuchen Sie, frei zu sprechen.
- Machen Sie sich für Ihren Vortrag Notizen und nehmen Sie diese zur Sicherheit mit.
- Üben Sie Ihren Vortrag vorher mehrmals, am besten, indem Sie ihn laut vortragen.
- Bringen Sie Ihre Präsentation auf jeden Fall als separate Kopie auf einem Speichermedium mit und legen Sie zur Sicherheit eine PDF-Datei an.

Wahrscheinlich werden Sie trotz dieser Hinweise bei Ihrer Präsentation nervös sein. Das ist völlig normal, schließlich ist es für Sie eine ungewohnte Situation und eine wichtige Prüfung. Machen Sie sich also keine Gedanken, wenn evtl. Ihre Stimme etwas zittert. In der Regel nimmt man dies selbst viel stärker war als andere. Zudem sind Sie für Ihren Prüfer nicht der erste Prüfling und mit Sicherheit auch nicht der letzte, dem dies passiert. Versuchen Sie sich zu beruhigen, indem Sie sich einen kurzen Moment Zeit nehmen. Ihr Prüfer wird das nicht negativ bewerten.

12 Die Arbeit als Lernanlass nutzen

Insbesondere, wenn Sie in Ihrem Studium weitere Arbeiten schreiben werden, ist es sinnvoll, wenn Sie sie als das verstehen, was sie sein sollten: als Lernanlass. Nehmen Sie sich also nach der Abgabe der Arbeit eine halbe Stunde Zeit, um Ihren Arbeitsprozess zu reflektieren. Sie können sich dafür zunächst an diesen Fragen orientieren:

- Welche Arbeitsschritte haben Sie in welcher Reihenfolge bearbeitet?
- Welche Arbeitsschritte sind Ihnen leicht gefallen? Warum?
- Welche Arbeitsschritte sind Ihnen schwer gefallen? Warum?
- Wie gut war Ihr Zeitmanagement?
- Unter welchen äußeren und inneren Bedingungen konnten Sie diszipliniert oder motiviert arbeiten? Unter welchen Bedingungen konnten Sie das nicht?

Anhand dieser Fragen können Sie resümieren, was Sie bei Ihrer nächsten Arbeit genauso und was Sie anders machen möchten. Vielleicht stellen Sie dabei auch fest, dass Sie vor der nächsten Arbeit bestimmte Dinge lernen möchten, z. B. indem Sie einen Recherchekurs besuchen oder die Übungen in diesem Buch bearbeiten. Notieren Sie sich die Ergebnisse dieser Reflexion so, dass Sie zu einem sinnvollen Zeitpunkt auf sie zurückgreifen können.

Neben dem Arbeitsprozess sollten Sie auch die Qualität der Arbeit reflektieren und daraus Schlüsse für kommende Arbeiten ziehen. Bemühen Sie sich deswegen um ein detailliertes Feedback von Ihrem Prüfer. Stellen Sie ihm konkrete Fragen, z. B. in Bezug auf Textpassagen, bei denen Sie selbst unsicher waren. Im Idealfall wissen Sie nach dem Gespräch genau, was dem Prüfer an Ihrer Arbeit gut gefallen hat und was nicht. Sie können nun seine Rückmeldung auswerten:

- Welches Lob, welcher Kritikpunkt ist möglicherweise auf das Stilempfinden genau dieses Prüfers zurückzuführen?
- Was haben Sie aus der Rückmeldung über die Stärken und Schwächen des Textes erfahren? Was ist Ihnen gut gelungen, was weniger?
- Und ganz konkret: Welche Fehler haben Sie gemacht?

Anhand dieser Überlegungen können Sie weitere Erkenntnisse für Ihre nächste Arbeit ziehen, beispielsweise, dass Sie sich auf Ihre Zeichensetzung verlassen können, den roten Faden gut legen, aber besser auf klare Bezüge achten müssen. Auf dieser Weise steht einem guten Ergebnis auch in Zukunft nichts entgegen!

Verzeichnis verwendeter Quellen

Bauer, Thomas K., Michael Fertig und Christoph M. Schmidt. 2009. *Empirische Wirtschaftsforschung. Eine Einführung*. Berlin: Springer.

Beinke, Christiane, Melanie Brinkschulte, Lothar Bunn und Stefan Thürmer. 2008. *Die Seminararbeit. Schreiben für den Leser*. Konstanz: UTB.

Brink, Alfred. 2005. *Anfertigung wissenschaftlicher Arbeiten*. 2. Aufl. München: Oldenbourg Wissenschaftsverlag.

Durlauf, Steven N. und Lawrence E. Blume, Hg. 2008. *The New Palgrave Dictionary of Economic*. 2. Aufl. Basingstoke: Palgrave Macmillan.

Esselborn-Krumbiegel, Helga. 2010. *Richtig wissenschaftlich schreiben. Wissenschaftssprache in Regeln und Übungen*. Paderborn: UTB Schöningh.

Haisley, Emily und George Loewenstein. 2011. „It's Not What You Get but When You Get It: The Effect of Gift Sequence on Deposit Balances and Customer Sentiment in a Commercial Bank." *Journal of Marketing Research*, 48(1): 103–15.

Köhler, Richard, Hans-Ulrich Küpper und Andreas Pfingsten. 2007. *Handwörterbuch der Betriebswirtschaft*. 6. Aufl. Stuttgart: Schäffer-Poeschel.

Krüger, Nicole. 2009. Recherchieren wie die Profis – Tipps von der ZBW. http://www.zbw.eu/kataloge/recherchieren_wie_die_profis.htm (Zugriffsdatum: 23. Mrz. 2011).

Püschel, Edith. 2010. *Selbstmanagement und Zeitplanung*. Paderborn: UTB Schöningh.

Roberts, Laura, Riccardo Mosena und Eggert Winter, Hg. 2010. *Welt-Edition, Gabler Wirtschaftslexikon*. 17. Aufl. Wiesbaden: Gabler.

Roth, Steffen J. 2007. *VWL für Einsteiger. Eine anwendungsorientierte Einführung*. 2. Aufl. Stuttgart: UTB Lucius & Lucius.

Simonsohn, Uri. 2011. „Lessons from an „Oops" at Consumer Reports: Consumers Follow Experts and Ignore Invalid Information." *Journal of Marketing Research*, 48(1): 1–12.

Weiterführende Literaturhinweise

Die folgenden Bücher und Artikel werden zur weiteren Lektüre empfohlen:

Bauer, Thomas K., Michael Fertig und Christoph M. Schmidt. 2009. *Empirische Wirtschaftsforschung. Eine Einführung.* Berlin: Springer.

Das Buch liefert eine hervorragende Einführung in die Methoden der empirischen Wirtschaftsforschung mit besonderem Schwerpunkt auf der Analyse von Kausalzusammenhängen.

Beinke, Christiane, Melanie Brinkschulte, Lothar Bunn und Stefan Thürmer. 2008. *Die Seminararbeit. Schreiben für den Leser.* Konstanz: UTB.

Dieser Ratgeber ist sehr illustrativ gestaltet und vermittelt fächerübergreifend die wichtigsten Grundlagen des wissenschaftlichen Schreibens übersichtlich.

Brink, Alfred. 2005. *Anfertigung wissenschaftlicher Arbeiten.* 2. Aufl. München: Oldenbourg Wissenschaftsverlag.

Dieses Buch ist nach der Lektüre des vorliegenden Leitfadens insbesondere für vertiefende Hinweise zur Gestaltung Ihrer Gliederung zu empfehlen.

Esselborn-Krumbiegel, Helga. 2008. *Von der Idee zum Text. Eine Anleitung zum wissenschaftlichen Schreiben.* 3. Aufl. Paderborn: UTB Schöningh.

Dieses sehr erfolgreiche Ratgeberbuch bietet fächerübergreifend eine gut umsetzbare Herangehensweise an's wissenschaftliche Schreiben.

Esselborn-Krumbiegel, Helga. 2010. *Richtig wissenschaftlich schreiben. Wissenschaftssprache in Regeln und Übungen.* Paderborn: UTB Schöningh.

Dieses Buch ist insbesondere zu allen Fragen rund um wissenschaftliche Sprache und wissenschaftlichen Stil sehr zu empfehlen. Mit vielen Beispielen und Formulierungshilfen führt die Autorin schrittweise zum fertigen Text.

Krüger, Nicole. 2009. Recherchieren wie die Profis – Tipps von der ZBW. http://www.zbw.eu/kataloge/recherchieren_wie_die_profis.htm (Zugriffsdatum: 23. Mrz. 2011).

Hier finden Sie eine ausführliche Einführung zur Literaturrecherche mit vielen weiteren nützlichen Hinweisen.

Püschel, Edith. 2010. *Selbstmanagement und Zeitplanung.* Paderborn: UTB Schöningh.

Anhand vieler Übungen und Reflexionsaufgaben unterstützt Sie dieses Buch dabei, Ihre Zeit sinnvoll zu nutzen.

Register